Uwe Wolff

# Und der Engel ließ mich nicht los

Uwe Wolff

# Und der Engel ließ mich nicht los

Erfahrungen mit unsichtbaren Freunden

Herder

Freiburg · Basel · Wien

*Für Johannes, Hannah, Jaakob, Neele*
*und den Engel der Zukunft*

Umschlaggestaltung: Neil McBeath, Kornwestheim
Umschlagmotiv: Sabine Obermüller, Goldregen, 1987.
© S. Obermüller. Foto: Jürgen Oeder.

Alle Rechte vorbehalten – Printed in Germany
© Verlag Herder Freiburg im Breisgau 1996
Satz: Fotosetzerei G. Scheydecker, Freiburg im Breisgau
Druck und Bindung: Freiburger Graphische Betriebe 1996
ISBN 3-451-26050-5

# Inhalt

*„Break on through to the other side!"*

JIM MORRISON

# GABRIEL

# NEUES SPIRITUELLES LEBEN

„Es wird eine gefährliche Reise sein,
eine Frage um Leben und Tod;
aber habe ich eine andere Wahl?"

FRIDTJOF NANSEN

## Anruf in der Nacht

„Jede Nacht werde ich zwischen zwei und drei Uhr von einem Engel geweckt."

Die zarte Frauenstimme am Telephon entschuldigte sich für den nächtlichen Anruf. Ich hatte im Bett gelegen, aber noch nicht geschlafen. Ein schwergewichtiger Band von Fridtjof Nansens „In Nacht und Eis" hatte mich in seinen Bann gezogen. Die Frau nannte ihren Namen nicht. Sie rufe aus Lübeck an. Noch einmal entschuldigte sie sich für die nächtliche Störung und fragte, ob sie mir ein Erlebnis schildern dürfe, das sie beunruhige.

„Bitte, erzählen Sie!" sagte ich. „Nachts sind wir den Engeln näher, und zu allen Zeiten haben sie in unseren Träumen zu uns gesprochen."

Sie schwieg. Ich versuchte, sie zu ermutigen.

Engelerfahrungen sind verbreiteter, als gemeinhin angenommen wird. Doch nur selten trauen sich Menschen, von diesen Erfahrungen zu sprechen. Selbst ihre besten Freunde oder ihr Partner wissen oft nichts von der geheimen Geschichte ihres Lebens. Wenn Du eine Engelerfahrung gemacht hast, weißt Du, wie schwer es ist, davon zu reden. Da wird Innerstes berührt, das, was Dich unbedingt angeht. Die Worte fehlen Dir, und hast Du eins gefunden, spürst Du sogleich: Das Wesentliche geben die Worte nicht her. „Ein kaltes Herz kann davon nicht sprechen", sagt Meister Eckhart. Deshalb schreibe ich nicht für kalte Herzen.

Dein Herz aber hat der Engel erwärmt. Deshalb hat Dich dieses Buch gefunden. Laß die kalten Herzen über

Deine Engelerfahrung spotten! Was wissen sie vom Kuß des Engels?

Engel sind unsere Freunde. Von ihnen will ich hier erzählen. Es ist *mein* Weg zu den Engeln und der Weg von Menschen, die mir ihre Erfahrungen mitteilten. Wir alle leben ja auch von den Erlebnissen anderer. Dichter und Gelehrte geben sich oft so, als wären sie allwissend. Ich kann „nur" von dem sprechen, was ich auf meinem Lebensweg erfahren habe. Vielleicht ist es auch Deine Erfahrung. Vielleicht wirst Du sagen: „Ja, so habe auch ich meinen Engel erlebt!" Oder Du schüttelst den Kopf und hebst abwehrend die Hände: „Nein, ich habe ihn ganz anders erfahren!" Wichtig ist allein das Gespräch, wo doch auf Kanzeln und Kathedern die Worte schal geworden sind, weil hinter ihnen keine Erfahrungen leben. Wir stehen inmitten der Jahrtausendwende. Gewaltige geistige, politische, ökologische und wirtschaftliche Umbrüche haben uns ergriffen. Die Erde häutet sich. Deshalb sind die Engel wiedergekommen.

Welcher Mensch kennt sich selbst ganz? Sind wir nicht für jeden, der uns ein Stück Weges begleitet, ein anderer? Wie viele Menschen ist jeder einzelne im Beruf, in der Familie, unter Freunden und in der Fremde? Was wissen Mitarbeiter, Lehrer, Nachbarn, Partner, Geschwister, Mütter und Väter von uns? Sie alle kennen nur einen Ausschnitt unserer Seele, keiner sieht die ganze Wahrheit. Der Engel aber kennt Dich und mich, wie wir wirklich sind. Er weiß mehr über uns als wir selbst.

Vielleicht gehörst Du zu den Menschen, die noch auf der Suche nach dem unsichtbaren Freund des Herzens sind. Du meinst, Du hättest ihn noch nicht erfahren. Ich wünsche Dir, daß Du durch die Erzählungen anderer Menschen entdecken wirst, daß auch Dir Dein Engel schon immer still und unerkannt zur Seite gestanden hat. Sieh' doch: Da steht ein Engel der Liebe und lächelt Dir zu!

# Erstes Engelritual:
## Die Lebenslinie

*E*in jüdisches Sprichwort lautet: „Einen Engel erkennt man erst, wenn er vorübergegangen ist." Das erste Ritual will Dir helfen, die entscheidenden Momente in Deinem Leben zu erkennen.

Erinnere Dich. Nimm Dir Zeit. Mache es Dir gemütlich. Entspanne Dich. Lege vor Dich ein großes Blatt Papier und ziehe mit dem Lineal einen langen Strich. Dies ist Deine Lebenslinie. Schreibe an ihr Ende Dein jetziges Alter. An den Anfang setzt Du eine Null. Für jedes Lebensjahr zeichnest Du einen weiteren Strich. Jetzt liegt vor Dir Deine Lebenslinie.

Wie weit kannst Du Dich zurückerinnern? Bis ins dritte Lebensjahr? Bis zum Zeitpunkt der Geburt? Noch tiefer und weiter zurück? Schreibe Deine Erinnerungen auf die Lebenslinie. Notiere die Gefühle, die Dich jetzt ergreifen.

Das Leben fließt nicht gleichmäßig dahin. Die Lebenslinie durchläuft Höhen und Tiefen. Manchmal wird sie durchbrochen. Das sind die Momente, wo Entscheidendes passiert ist. Wo der Sinn Deines Lebens aufleuchtete. Wendepunkte des Lebens, Übergänge, Stunden, Tage und Wochen freudigen oder schmerzhaften Wachsens. Ein Unfall oder eine Krankheit vielleicht, eine Trennung, eine durchwachte Nacht, der Tod eines geliebten Menschen, die Rettung aus Gefahren, der überlebte Absturz.

Wer hat Dich begleitet? Eltern, Geschwister, Freunde, gewiß, aber auch Dein Engel. Erinnere Dich: Wie sah er aus? Wie fühltest Du Dich? Wie lautete seine Botschaft?

*

„Wie sieht Ihr Engel aus?" fragte ich die Anruferin.

„Es ist eine weiße Gestalt, strahlend im Licht."

„Trägt sie Flügel?"

„Nein, keine Flügel, und die Gesichtszüge sind nicht deutlich ausgeprägt. Das Lächeln aber kann ich erkennen."

„Engel sehen meist anders aus, als sie auf Kunstpostkarten abgebildet werden", sagte ich.

Seit einigen Tagen erscheine die Lichtgestalt regelmäßig zwischen zwei und drei Uhr morgens.

„Können Sie den Ort näher beschreiben?"

Wieder zögerte sie.

„Sie lachen mich nicht aus? Ja? – Es sieht so aus, als schwebe die Gestalt vor den Vorhängen meines Schlafzimmerfensters", flüsterte sie.

„Wie kommen Sie darauf, daß es sich bei der Lichtgestalt um einen Engel handelt?"

„Ich habe das Buch ‚Von den Engeln des Lebens' gelesen. Da war die Rede von Engeln, die als Lichtgestalten erscheinen."

„Sie sagen, Sie ‚sehen' den Engel. ‚Sehen' Sie ihn im Traum? Mit geschlossenen Augen als inneres Bild? Oder ‚sehen' Sie die Gestalt mit den äußeren Augen?"

„Das ist schwer zu sagen."

„Vielleicht bilden Sie sich die Gestalt nur ein?"

„Ich weiß nicht."

„Beunruhigt Sie die Erscheinung?" fragte ich weiter.

„Ich lasse im Flur das Licht eingeschaltet."

„Spricht Ihr Engel?"

„Nein."

Daß Engel in heller Lichtgestalt erscheinen, ist hundertfach bezeugt worden. Doch stelle Dir vor, die Anruferin würde morgens im Büro, im Geschäft oder in der U-Bahn von dem lächelnden Engel erzählen. Höhnische Sprüche wären die Folge:

Etwas schrill, nicht wahr?!

Eine verrückte Nudel!

Die war schon immer überdreht!

Die hat ganz andere Wünsche!

Spott hilft nicht weiter. Aber kritisches Nachfragen ist geboten. Denn die Grenze zwischen echter Erfahrung und Einbildung will gezogen werden, damit Du Gewißheit hast. Engel sind Boten der Freude, der Heiterkeit und der Lebensbejahung. Was nicht dem Leben dient, kann nicht vom Himmel sein. Du weißt: In der Stimme des Gewissens, im Wort des Freundes, in Nachrichten, aber auch in der Natur, dem Blick des Hundes oder der Katze, der Stille des Meeres und der Weite der Wälder schwingt das Wort des Engels mit. Engel sind Energien. Sie sind Grenzgänger zwischen den Welten. Deshalb sind sie immer dort zur Stelle, wo auch wir Grenzen überschreiten. Mit einem Flügel berühren sie den Himmel, mit dem anderen Flügel die Erde. Für sie gibt es keine religiösen, kulturellen, ethnischen oder politischen Grenzen. Sie durchschreiten Mauern und Türen.

Egal, wo Du jetzt sitzt: in der U-Bahn, im Flugzeug, an Deinem Schreibtisch, im Wartezimmer des Arztes, in Deinem Lieblingssessel – Du bist durchdrungen von Strahlungen und unsichtbaren Energien. Du mußt nur auf Empfang schalten. Hoch oben in der russischen Arktis auf Franz-Josef-Land sitzt ein Funker und sendet Signale, die im niedersächsischen Klein Solschen aufgezeichnet werden können. Strahlungen aus den tiefsten Tiefen des Universums werden von riesigen Teleskopen eingefangen. Mit dem Handy sind wir überall zu erreichen. Engel sind

Funksprüche des Himmels, Boten von der anderen Seite der Wirklichkeit. Sie sind immer auf Sendung.

> „See me,
> feel me,
> touch me,
> heal me!"

Sehen, Fühlen, Berühren und Heilen ist die Aufgabe des Engels. Das ist mehr als ein innerseelisches Geschehen. Menschen sollen wieder sehend werden, die Pforten der Wahrnehmung durchschreiten und einen Blick in die unsichtbare Welt hinter der sichtbaren Welt werfen.

Wenn Menschen über Berichte von Engelerfahrungen spötteln, so steckt hinter ihrem Spott eine natürliche Abwehrhaltung. Sie fürchten, in den Sog der anderen Welt zu geraten und darin umzukommen wie der Dichter Gustav von Aschenbach. Er hatte eine strenge preußische Erziehung genossen, in großer Anstrengung und steter Arbeit ein von vielen Menschen geachtetes Werk geschaffen. Jederman bewunderte ihn und sein mit vielen Preisen ausgezeichnetes Werk. Doch niemand kannte ihn wirklich, wußte von seinen Leiden und seiner Leidenschaft für junge Knaben. Tadzio heißt der polnische Knabe, in den er sich heimlich verliebt und dessen Spiele am Strand von Venedig er mit stiller Sehnsucht verfolgt. Dieser Engel der Liebe bringt sein geordnetes Leben so durcheinander, daß er nur noch im Tod einen Ausweg findet. Der Engel im Schlafzimmer meiner Anruferin läßt mich an Tadzio denken.

„Leben Sie allein?" fragte ich sie.

„Ja. Aber seit kurzem habe ich wieder einen Freund."

Ich schlug ihr vor, den neuen Freund anzurufen und ihn zu bitten, diese Nacht neben ihr zu schlafen, um zu sehen, ob die Lichtgestalt auch dann erscheine. Dazu fehlte ihr der Mut. Sie wisse nicht, was er von ihr denken werde, wenn sie ihm von dem Engel erzähle. Ich erkundigte mich nach ihrer beruflichen Situation. Sie sei lange Zeit arbeitslos gewesen, habe nun die Chance bekommen, wieder in ihrem alten Beruf zu arbeiten. Es sei ein Zeitvertrag, doch könne sie vielleicht mit einer festen Anstellung rechnen. So sei sie einerseits glücklich, habe aber andererseits auch Angst zu versagen.

Der Zusammenhang zwischen dem Erscheinen des Engels in ihrem Schlafzimmer und dem Neuanfang in Beruf und Freundschaft sei ihr bewußt, sagte sie. Ich fragte nach ihrem Glauben und ihrem Verhältnis zur Kirche. Sie erzählte, sie habe mit dem Pfarrer aus ihrem Heimatdorf gesprochen.

„Dann sind Sie ja in guten Händen?" sagte und fragte ich.

Der Geistliche kenne sie seit Kindertagen. Er habe versucht, ihr die Erscheinung des Engels auszureden. „Weißt Du," habe er zu ihr gesagt, „Du kannst nicht gleichzeitig einen elektrischen Fön benutzen und an Engelerscheinungen glauben. Das paßt nicht mehr in unsere moderne Welt. Das ist Spökenkiekerei." Dann habe sie mit einer Psychologin gesprochen, die ihr Beruhigungsmittel verschrieben habe.

Ich wußte zu wenig über die Anruferin, um zu ihrer persönlichen Erfahrung Stellung nehmen zu können. Vielleicht hatte die Psychologin das einzig Richtige getan. Daher riet ich ihr, mit dem Geistlichen und der Psychologin im Gespräch zu bleiben. Sie bat mich darum, mich wieder anrufen oder mir schreiben zu können.

„Ich heiße übrigens Angela", sagte sie noch, bevor sie auflegte. „Ach, und noch etwas: Der Engel trägt einen Wanderstab."

## Ein Traum

Am nächsten Tag fuhr ich nach Todtmoos-Rütte, einem winzigen Dorf hoch oben im Südschwarzwald. Hier ist die Luft kalt und klar. Der Himmel liegt zum Greifen nahe. Auch werden die Träume durchsichtiger. Vor dem Einschlafen im über vierhundert Jahre alten „Herzl-Haus" erlebte ich, wie mein Zimmer in bläuliches Licht gehüllt wurde.

Mit Sarina kam ich in ein Gespräch über die Bedeutung der Träume. Sie hatte Psychologie studiert, wie sie an unseren Universitäten gelehrt wird. Sarina nannte diese Psychologie „weltliche Seelenkunde", weil ihr das Wissen von den höheren Welten fehle. Träume, so habe sie im Studium gelernt, seien die Sprache des Unbewußten. Sie geben Auskunft über geheime Wünsche, Ängste und Hoffnungen. Heute wisse sie: Das ist nur die eine Seite der Wirklichkeit und die halbe Wahrheit. Denn in den Träumen treten wir in Kontakt mit dem Erbe der Menschheit. Ihre Kollegen machten sich über sie lustig, weil sie sich jetzt für Schamanismus, Reinkarnation und das altägyptische Totenbuch zu interessieren begonnen habe. Denn sie sei auf der Suche nach neuen Möglichkeiten, die Sprache der Seele zu deuten.

„Für Dich oder für Deine Patienten und Patientinnen?" fragte ich.

„Wir müssen immer zuerst bei uns selbst anfangen", war ihre Antwort.

Ich nickte. „Für mich ist der Traum die Sprache der Engel."

„Der Engel?"

„Glaubst Du nicht an Engel?"

Sie senkte den Blick. Meine Worte hatten etwas in ihr berührt. Was es gewesen war, wußte ich noch nicht. Ich fuhr fort. „Engel erscheinen oft in Träumen. Natürlich können sie Dir auch leibhaftig begegnen. Das geschieht jedoch selten. Im Traum öffnen sich die Pforten der Wahrnehmung, und die andere Seite der Wirklichkeit bricht in Dein Leben ein. Break on through to the other side!"

„Brich' zur anderen Seite der Wirklichkeit durch? Das hat doch Jim Morrison gesagt!"

„Ja, die ‚Doors' und viele andere Gruppen haben davon gesungen. Hast Du damals nicht auch schon die andere Seite des Lebens, die andere Wirklichkeit gesucht?"

„Ich suche sie noch heute. Darum bin ich ja hier."

„Der Einbruch der anderen Wirklichkeit kann schmerzhaft sein, besonders, wenn sich lange verdrängte Wahrheiten wieder melden. Dann hinterlassen sie eine tiefe Beunruhigung."

„Beunruhigung – das kann man wohl sagen!"

Sarina schaute auf die Duftlampe, die auf einem Beistelltischchen stand, goß etwas Melissenöl in die Wasserschale und fragte unvermittelt: „Darf ich Dir einen Traum erzählen?"

Ich nickte.

„Du versprichst mir, daß Du nicht lachst?"

„Gewiß nicht."

„Im Traum sah ich mich in meinem Bett liegen. Da öffnete sich die Zimmerdecke, und ein Licht trat auf mich zu. Als ich aufwachte, war ich tief beunruhigt. Ich glaubte, schwanger zu sein."

Sie machte eine Pause.

„Das war alles, was ich geträumt habe."

„Warum hat Dich der Gedanke an eine Schwangerschaft beunruhigt?"

„Ich habe mich sterilisieren lassen!"

Tränen standen in ihren Augen. Sie entschuldigte sich. Drei gesunde Kinder habe sie zur Welt gebracht und sich nach der Geburt des dritten Kindes sterilisieren lassen. Das sei acht Jahre her. Den Entschluß habe sie nie bereut – auch jetzt nicht. Sie wolle kein viertes Kind. Im Traum habe ja auch ihr Mann keine Rolle gespielt.

„Meinst Du, ich soll den Traum ernst nehmen?"

„Viele Menschen verdrängen ihre Träume, das weißt Du besser als ich", antwortete ich. „Dieser Traum kommt aus einer Wirklichkeit, die wir alle viel zu lange verdrängt haben. Wie viele geistige Kinder durften deshalb nicht in uns wachsen! Wieviel neues Leben blieb unentwickelt!"

Ein langes Gespräch folgte. Sarina hatte nicht von einer leiblichen, sondern einer spirituellen Geburt geträumt. Wie in der materiellen Welt braucht es auch in der geistigen Welt Zeit, bis sich das neue Leben entwickelt hat. Neun Monate reift das Kind im Mutterleib, das göttliche Kind, das in Deinem Herzen wachsen will, braucht mehr Zeit. Manchmal dauert es ein ganzes Leben von der spirituellen Empfängnis bis zur Geburt. Aus Ungeduld trennen sich viele Menschen gewaltsam von dem geistigen Leben, das in ihnen reifen will. Wie viele geistliche Kinder, wie viele Ideen und Visionen wurden empfangen und nie geboren!

## Das Auge der Seele

Alle Völker der Erde wissen von der Welt der Geister. In unserer westlichen Kultur war sie für viele Jahrzehnte verdrängt worden und drohte in Vergessenheit zu geraten. In gleichem Maße nahmen die seelischen Krankheiten zu, wurde die Umwelt zerstört und verschwanden viele Tier- und Pflanzenarten von der Erde. Jetzt stehen wir inmitten der Jahrtausendwende. Ein großer Prozeß der geistigen Neugeburt hat begonnen.

Auch der junge Max, dem ich im überfüllten ICE auf der Rückfahrt von Freiburg nach Hannover begegnete, war ein Sucher. Im Abteil für Blitzreservierungen hatte ich einen freien Sitz gefunden. Doch schon beim nächsten Halt mußte ich aufstehen und eine Reihe weiterziehen. Das geschah noch zweimal. Dann hatte ich für vier Stunden Fahrt einen Stehplatz. An Zufälle glaube ich schon lange nicht mehr. Max betrachtete die Bilder seiner Tarotkarten. Wir kamen ins Gespräch. Er erklärte mir die Karten, ließ sich meine Geburtsdaten geben und zeigte meine Persönlichkeitskarte. Ein Engel war darauf abgebildet. Er brachte uns ins Gespräch.

Max berichtete von einem Schutzengelerlebnis. Als kleines Kind sei er in die Elbe gefallen. Die Mutter habe sein Schreien gehört, sei zum Wasser gerannt. Da habe sie gespürt, wie eine eiskalte Hand sie von hinten an der Schulter berührte und eine Stimme sagte: „Habe keine Angst, Dein Kind wird leben!"

Aus seiner Tasche zog Max ein Buch über Kinesiologie. Es zeigte viele Gebrauchsspuren. Ob ich auch mit der Ki-Energie arbeite, wollte er wissen. Ich erzählte ihm vom alten Graf Dürckheim, der, wenn er Daumen und Zeigefinger beider Hände in Kreisform aufeinanderstellte, eine solche Energie entwickelte, daß ein starker Bursche die Finger nicht auseinanderziehen konnte. Auch eine andere Geschichte vom Grafen werde berichtet. Einmal wurde er von zwei gefährlichen Schäferhunden angegriffen. Da habe er seine Arme ruhig ausgestreckt, dabei Daumen und Zeigefinger in Kreisform geschlossen. Da sei eine so starke Energie von ihm ausgeströmt, daß die bissigen Tiere jaulend davongelaufen seien. Max gehörte zu den liebenswerten und begeisterungsfähigen jungen Menschen, die leicht entflammbar sind. Gestern legten sie Tarot-Karten, heute suchen sie die Kraft der Edelsteine, morgen besuchen sie ein Reiki-Seminar und übermorgen üben sie sich im Schwertkampf.

Überprüfe alles und wähle das Beste! Alles hat seine Zeit. Aufbrechen und Suchen hat seine Zeit, Wandern und Ausprobieren. Aber auch das Verweilen hat seine Zeit, das geduldige Studium und die jahrelange Ausdauer. Gehörst Du auch zu den Menschen, die sich durch die spirituelle Welt zappen, als säßen sie vor dem Fernsehapparat mit vierzig Programmen? Ein Baum kann nur Frucht bringen, wenn er im Laufe der Jahre tief einwurzelt. Auch Du willst wachsen, jedes Jahr einen neuen Ring bilden. Du willst den Stürmen des Lebens trotzen. So laß Dich nicht verführen! Glaubst Du wirklich, Du könntest auf einem teuer bezahlten Wochenendseminar mal eben schnell lernen, wofür die Meister jahrzehntelange Übung gebraucht haben? Du bist begeistert von den Engeln. Du fragst, wie Du mit ihnen in Kontakt treten kannst. Viele wollen Dir da helfen, Deinen Geldbeutel zu erleichtern. Und wenn sie Dich neppen, geschieht es Dir recht, weil Du glaubst, Du könntest Dir Deinen himmlischen Freund erkaufen. Alle himmlischen Gaben sind umsonst. Traue auch denen nicht, die Dir sagen, sie könnten Dir zeigen, wie Du mit Deinem Engel channeln kannst. In der geistigen Welt gelten andere Gesetze als in der Fernsehwelt. Hier schaust Du in eine Programmzeitschrift, suchst Dir eine Sendung aus und wählst den Fernsehkanal. Gefällt Dir das Gesicht des Hauptdarstellers nicht, schaltest Du um.

Max hatte auf ähnliche Weise mit seinem Engel Kontakt aufnehmen wollen. In einem Buch hatte er gelesen, wenn er dreimal wöchentlich jeweils zwei Stunden meditiere, werde sich ihm das Gesicht seines Engels zeigen.

„Und", fragte ich, „hast Du Deinen Engel gesehen?"

„Ja", sagte er mit ernstem Gesichtsausdruck. „Es war ein weiblicher Engel. Sie trug das Gesicht meiner Berliner Brieffreundin."

„Eine sympathische Erfahrung, aber gewiß keine Begegnung mit dem himmlischen Freund oder der Freundin von der anderen Seite der Wirklichkeit. Die echte Engelerfahrung ist nicht das Sahnehäubchen auf unserer Seele, sondern ein tiefer Einschnitt in unser Leben, eine dauerhafte Beunruhigung und ein Erlebnis, das eine lange innere Wandlung und ein Reifen zur Folge hat. Engel treten in unser Leben, aber oftmals erkennen wir sie nicht."

Das Zugpersonal hatte in Mannheim gewechselt, die Schaffnerin zwängte sich durch den Gang, stieg über die vielen Menschen, die wie ich auf dem Boden saßen. Vor mir hatte sie sich in die Hocke gebeugt, daß ihre Gelenke knackten. Für einen Augenblick dachte ich, sie sei Angela.

„Sind Engel männlich oder weiblich?" wollte Max wissen.

„Was meinst Du?" fragte ich zurück.

„Männer haben weibliche Engel, Frauen männliche Engel."

„In der Werbung und in den Liebesliedern der ‚Skorpions' oder ‚Stones' sind sie immer weiblich."

Ich wurde von der Schaffnerin unterbrochen. Mit norddeutschem Akzent sagte sie: „Engel sind Männerphantasien!"

Dann entwertete sie meine Fahrkarte, reichte sie mir zurück und stieg lächelnd über mich.

„Noch jemand zugestiegen?"

Max schaute ihr verdutzt nach.

„Lesen Sie mal die Erinnerungen von Marianne Faithfull!" sagte die Beamtin im blauen Kostüm.

„Oder das Märchen von dem Engel Gabriela, das vom Erkennen und Verkennen der Engel erzählt", fügte ich hinzu.

Max bat mich, es zu erzählen und beugte sich tiefer zu mir hinunter. Ich begann: „Es war einmal ein Mann, der hatte eine wunderbare Rinderherde. Alle Tiere trugen ein schwarzweißes Fell. Das war geheimnisvoll wie die Nacht. Der Mann liebte seine Kühe und führte sie immer auf die besten Weiden. Wenn er abends die Tiere beobachtete, wie sie zufrieden waren und wiederkäuten, dachte er: ‚Morgen früh werden sie mir viel Milch geben!'

Eines Morgens jedoch, als er seine Kühe melken wollte, waren die Euter schlaff und leer. Er glaubte, es habe an Futter gefehlt, und er führte seine Herde am nächsten Tag auf saftigen Weidegrund. Er sah, wie sie sich sattfraßen und zufrieden waren, aber am nächsten Morgen hingen die Euter wieder schlaff und leer. Da trieb er die Kühe nochmals auf neue Weide, doch auch diesmals gaben sie keine Milch.

Jetzt legte er sich auf die Lauer und beobachtete das Vieh. Als um Mitternacht der Mond weiß am Himmel stand, sah er, wie sich eine Strickleiter von den Sternen heruntersenkte. Auf ihr schwebten sanft und weich junge Frauen aus dem Himmelsvolk der Engel herab. Sie waren schön und fröhlich, lachten einander leise zu und gingen zu den Kühen, um sie leerzumelken.

Als der Hirt das sah, sprang er auf und wollte sie fangen. Die Engel aber stoben auseinander und flohen zum Himmel hinauf. Es gelang ihm aber, eine von ihnen festzuhalten, die allerschönste. Ihr Name lautete Gabriela. Er behielt sie bei sich und machte sie zu seiner Frau.

Gabriela ging von da an täglich auf die Felder, während er weiterhin das Vieh hütete. Die gemeinsame Arbeit machte sie reich, und er dünkte sich glücklich. Eines aber quälte ihn: Als er die Engelin eingefangen hatte, trug sie einen Korb bei sich. ‚Niemals darfst Du da hineinschauen!' hatte sie gesagt. ‚Wenn Du es dennoch tust, wird uns beide großes Unglück treffen.'

Nach einiger Zeit vergaß der Mann sein Versprechen. Als er einmal allein im Haus war, sah er den Korb im Dunkeln stehen, zog das Tuch davon und brach in lautes Lachen aus. Als seine Frau heimkehrte, wußte sie sofort, was geschehen war. Sie schaute ihn an und sagte weinend: ,Du hast in den Korb geschaut!' Der Mann aber lachte nur und sagte: ,Du dummes Weib, was soll das Geheimnis um diesen Korb? Da ist ja gar nichts drin!'

Aber noch während er dies sagte, wendete sich Gabriela von ihm ab, ging in den Sonnenuntergang und ward auf Erden nie wieder gesehen."

Das sei die Geschichte von seinem Vater und seiner Mutter, sagte mein junger Zuhörer spontan. Er, ein grobschnittiger Bauer, der nur das Geschäft im Sinn habe, hole sich, was er wolle, mit List und notfalls auch mit Gewalt. Sie, still, sanft und fröhlich, immer bereit auf ihren eigenen Willen zu verzichten. Beide stünden sich gegenüber wie Tag und Nacht, Licht und Schatten.

„Haben sich Deine Eltern scheiden lassen?" fragte ich.

Max verneinte.

Ich will hier nicht unser weiteres Gespräch wiedergeben. Jeder, der das Märchen hört oder liest, hat sofort Menschen vor Augen, für die es geschrieben scheint. Und natürlich erzählt es nicht nur von einem Mann und einem weiblichen Engel. Es ist die leidvolle Geschichte vieler Frauen. Vielleicht mußt Du Dir eingestehen: Dieser Engel trat einst in mein Leben, ich aber erkannte ihn nicht. Eine neue Geburt, eine Wandlung meines alten Lebens hätte stattfinden können, ich aber blieb an das Materielle gebunden, sah nur den finanziellen Gewinn: Arbeit, Erweiterung des Geschäftes, Umbau des Hauses und ein Zweitwagen.

Der Engel schenkt spirituellen Reichtum und einen Schatz im Himmel. Schönheit, Heiterkeit, Freude und

Stille bringt die Himmelsbotin in Dein Leben. Du aber bist grobschnittig und laut. Ihr Geheimnis ist der Korb, ein fruchtbringender Schoß, aus dem Dein Leben neu geboren werden soll. Doch Du willst keine Kinder. Das Leben des kleinen Mose wurde durch einen Korb gerettet, in dem er den Nil hinabtrieb. Auch das Glückskind aus dem Grimmschen Märchen vom „Teufel mit den drei goldenen Haaren" wird durch einen Korb vor den Nachstellungen des eifersüchtigen Königs gerettet. In den Mysterien von Eleusis symbolisiert der Korb das Geheimnis von Tod und Auferstehung. Auch Deine Seele soll ins Geheimnis getaucht und gerettet werden. Du aber lachst, wenn Dein Partner euer Leben erneuern will. Geistliche Erneuerung, neue Spiritualität, neues Bewußtsein, neuer Glaube – das ist in Deinen Augen doch alles Spinnerei. Du hältst Dich an das Sichtbare, Begreifbare, die materielle Welt. Dennoch, es gibt Momente in Deinem Leben, da lebt in Dir eine stille Ahnung: Vielleicht gibt es ja wirklich die andere Welt, das Geheimnisvolle. Du willst es überprüfen, ziehst die Decke vom Korb weg und lachst.

Viel Geheimniskrämerei um nichts. Da ist nichts drin! Vielleicht einige Komplexe aus der Kindheit, Phantasien, lauter Dinge, auf die ein vernünftiger Mann keine Zeit verschwendet. Es gibt keine Stimme des Himmels. Deshalb kannst Du nur lachen, wenn Deine Partnerin weint. Dabei müßtest Du weinen über Dich, daß Du so blind bist gegenüber dem Geheimnis. „Du dummes Weib, was soll das Geheimnis um diesen Korb? Da ist ja gar nichts drin!" Ein Engel tritt in unser Leben, eine Hochzeit von Himmel und Erde soll stattfinden, damit sich eins im anderen spiegele und der Mensch gesegnet werde mit Segen von der Tiefe und Segen aus der Höhe. Deine Seele aber will nicht schwanger werden.

„Oh, ihr Ungeübten, die in den Nächten nichts lernen. Viele Engel sind Euch gegeben. Aber ihr seht sie nicht!"

klagt Marie-Luise Kaschnitz und mit ihr viele Frauen. Verständlich, daß Gabriela ihren Mann verläßt und nie wieder auf die Erde zurückkehrt. Nicht, daß er sie für sich arbeiten ließ, war der Scheidungsgrund. Sie verließ ihn, weil er sie nicht erkannte, so daß ihre Ehe unfruchtbar blieb.

Und so endet das Märchen: „Weißt Du, warum sie wegging? Sie ging nicht, weil er sein Versprechen gebrochen hatte; sie ging, weil er die schönen Sachen, die sie für ihrer beider Leben vom Himmel mitgebracht hatte, nicht sehen konnte und darüber sogar noch lachte."

Gabriela ist nicht erbost über den Vertrauensbruch. Sie verläßt ihn, weil er sich nicht verändert hat, weil er in all den Jahren ihres gemeinsamen Lebens nichts gelernt, weil er sich nicht weiter entwickelt hat und immer der Alte geblieben ist. Er war blind für die schönen Dinge des Himmels und taub für die himmlische Musik, und er ist es geblieben. Der Korb war voller Schätze. Denke Dir aus, welche Namen sie tragen: Tapferkeit, Gerechtigkeit, Klugheit, Besonnenheit, Glaube, Hoffnung, Liebe – Schätze, die Du nicht haben kannst wie ein Haus oder ein Auto. Der Mann hat einen scharfen Blick für die materielle Welt. Deshalb bringt er es auch zu Wohlstand. Die Augen der Vernunft sehen gut, aber auf beiden Augen der Seele ist er blind.

> „Seht ihr den Mond dort stehen.
> Er ist nur halb zu sehen
> und ist doch rund und schön.
> So sind gar manche Sachen,
> die wir getrost belachen,
> weil unsere Augen sie nicht sehen."

Engel kommen, um uns die Augen der Seele zu öffnen und die Ohren des Herzens. Sie erinnern uns an unseren himmlischen Ursprung.

## Zweites Engelritual:

## Das Sichtbare unsichtbar machen

Lege vor Dich einen kleinen Gegenstand, den Du mit einer Hand aufheben kannst. Wähle etwas aus, das für Dich wichtig ist. Nimm den Gegenstand in die Hand. Hebe ihn sanft auf, halte ihn eine Weile und lege ihn wieder hin.

Stelle Dir jetzt vor, es gäbe den Gegenstand ein zweites Mal. Er sieht genauso aus wie der erste, aber er ist unsichtbar in ihm verborgen. Jetzt kommt das Entscheidende: Halte wieder Deine geöffnete Hand über dem Gegenstand, berühre ihn jedoch nicht. Ziehe langsam den unsichtbaren Doppelgänger aus dem sichtbaren Gegenstand hervor. Dann lege ihn wieder in den sichtbaren Gegenstand zurück.

Dieses Ritual führt Dich von der sichtbaren in die unsichtbare Welt. Auch Photographien können eine Hilfe sein, den Durchbruch von der sichtbaren zur unsichtbaren Seite der Wirklichkeit zu vollziehen. Ich wohne in einem zweihundert Jahre alten niedersächsischen Fachwerkhaus. Viele Menschen haben während dieses langen Zeitraumes hier gelebt. Niemand kennt die Namen aller, die hier geboren und gestorben sind. Doch ist ihre Anwesenheit an manchen Tagen deutlich spürbar.

Photos von meinen Ahnen stehen das ganze Jahr über in einer dunklen Ecke der Wohndiele. An Allerseelen, Totensonntag, Weihnachten und Ostern stelle ich sie auf den Dielentisch und zünde als Zeichen des Gedenkens eine Kerze an. Die Toten sind uns auf dem Weg der Verwandlung vom Sichtbaren ins Unsichtbare vorangegangen. Richte Dir einen kleinen Gedächtnisort ein. Überlege, wer zu Deinen Ahnen zählt. Es müssen nicht nur die leiblichen Verwandten sein, Deine Urgroßmütter und Großväter. Vielleicht ist es ein Dichter, ein Meister, eine Malerin, eine weise Frau oder eine ägyptische Pharaonentochter.

„Ich kann Dich nicht sehen. Aber ich weiß, Du bist hier!" sagt Peter Falk in dem Film ‚Der Himmel über Berlin' zu einem Engel, der unsichtbar neben ihm steht. Er spürt die Anwesenheit des Unsichtbaren. Dann streckt er die Hand aus: „Freund!" Unsichtbar schüttelt sie der Engel. Diese Szene fordert geradezu zur Nachahmung auf: Reich dem Engel die Hand!

„Haben Sie schon einmal versucht, mit seinem Engel zu sprechen?" Diesen Rat gab mir Eva-Maria Smolka, als ich ihr von einem Streitgespräch mit einem Mann erzählte. Es war ergebnislos verlaufen. Hinter jedem Menschen steht unsichtbar ein Engel und lächelt Dir zu.

*„Break on through*
*to the*
*other side!"*

## Erwachen

$E$s gibt Menschen, die können sehen und sind doch blind. Sie können hören und sind doch taub. Sie können tasten und begreifen nichts. Sie stehen morgens aus ihren Betten auf und gehen durch den Tag wie Schlafwandler. Wer bist Du? Schläfst Du noch, oder gehst Du den Weg des Erwachens?

Einst waren wir Erwachte, da blickten wir mit den Augen der Seele ins leuchtende Antlitz des Engels. Er war es ja, der Deine Seele in den Leib bettete, irgendwann zwischen dem ersten und neunten Monat des Wachsens im Mutterschoß. Erinnerst Du Dich? Du hattest den Engelblick. Noch war Dir der Himmel vertrauter als die Erde. Das Fenster zur anderen Seite der Wirklichkeit stand Dir offen. An Krabbeln oder Laufen war nicht zu denken. Wer Flügel hat, braucht keine Füße. Das Gesicht Deines Vaters erkanntest Du nur schemenhaft. Hielt man Dir einen bemalten Karton mit zwei Augen, einer Nase und einem Mund übers Bettchen, lächeltest Du ebenso. Das himmlische Licht aber sahst Du genau.

„Mitten in der Nacht wachte ich auf. Das Schlafzimmer war hell erleuchtet", erinnert sich Elisabeth Noelle-Neumann. „Links, nach Osten, war das große Fenster, von weißen, gerafften Gardinen umrahmt, draußen in der Nacht lag der große Garten. In der Mitte eine Deckenlampe, mit weißem Stoff sanft verkleidet, aber das war nicht die Lichtquelle. Das Zimmer war einfach als Ganzes hell, rings herum schloß eine breite Kante von Scherenschnitten mit Märchenmotiven nach oben hin die Tapete des Kinderzimmers ab. Meine Schwester, im Bett rechts von mir auf der gegenüberliegenden Seite des Zimmers, schlief. Das Zimmer war hell, aber niemand war zu sehen. Fünf Jahre war ich alt."

Dann folgt der wichtigste Satz für alle, die nach der Wahrheit ihrer eigenen Engelerfahrung fragen: „Aus irgendeinem Grund hat sich das mir eingeprägt."

Wie oft nehmen überreizte Nerven ungewöhnliche Geräusche, Stimmen oder Lichtreflexe wahr! Gedanken schießen uns durch den Kopf, seltsame Träume tauchen in der Nacht auf. Nach zwei Tagen oder spätestens nach zwei Jahren haben wir alles vergessen. Echte Engelerfahrungen prägen sich ein. Nicht immer sprechen sie sofort. Sie können über Jahrzehnte tief unten in der Seele verborgen bleiben. Dann aber brechen sie wieder hervor. Was wahr ist, wirkt in das Leben hinein und schenkt Freude.

Kindliche Erfahrungen sind nicht kindisch. Wenn Erwachsene abwertend über ihre eigene Kindheit denken, verleugnen sie sich selbst. Die Kindheit hat ihre eigene Würde und ihren eigenen Erfahrungsraum. Das gilt für die Entwicklung des Gehirns und die Erfahrungen der Seele. Der Baum wächst und bildet jedes Jahr einen neuen Ring. In seiner Mitte eingebettet liegen die Ringe der ersten Jahre. So ist auch in uns verborgen das Kind, das wir einmal waren. Es bildet den Kern unseres Daseins.

„Ich sah mich um in dem hellen Schlafzimmer und immer wieder zu dem mit leichten weißen Vorhängen eingerahmten Fenster links", fährt Elisabeth Noelle-Neumann fort. „Aber es war nichts da. Es war einfach nur alles hell. Am nächsten Morgen fing ich an zu fragen. Zuerst meine Mutter: Warst du in der Nacht in meinem Zimmer? – Ich? Wieso? Mein Vater: Ich? Wieso? Das Kindermädchen, die zwei Hausmädchen, die Köchin, alle wunderten sich: Ich in deinem Zimmer? Wieso? Als ich alle gefragt hatte, und niemand war nachts in meinem Zimmer gewesen, da sagte ich mir: Dann müssen es die Engel gewesen sein. Das war das Geheimnis. Von nun an behielt ich es bei mir – und bis heute ist es ein Geheimnis geblieben. Nie habe ich es vergessen, immer daran gedacht. Welch ein Trost."

Wie lange bleibt das Fenster zur anderen Seite der Wirklichkeit geöffnet? Wann schließen sich die Augen der Seele? Wann beginnt die Zeit des langen Schlafes?

„Bis zu meinem achten Lebensjahr nahm ich Lichtgestalten wahr in unterschiedlichen Abstufungen – Größe, Helligkeit und Farbe", erzählt Ingrid. „In dem Maße, in dem ich die diesseitige Realität als meine Welt akzeptierte, in dem Maße nahm das Wahrnehmungsvermögen dieser anderen Wirklichkeit ab. Die Erkenntnis, daß mit mir alles stimmt, ich nur andere Lichtverhältnisse definieren konnte, war ein schwieriger Lernprozeß, denn diese andere Wirklichkeit umhüllte mich mit unendlicher Liebe und Geborgenheit. Und genau das war nicht gefragt, eine äußerste Irritation für ein Kind.

Als ich neuneinhalb Jahre alt war, starb meine Lieblingsschwester, zu der ich, man könnte sagen, eine symbiotische Bindung hatte. Die Trauer in unserem Haus verstand ich nicht, obwohl ich den Schmerz in den Herzen meiner Eltern empfand. Meine Schwester und ich hatten noch fast ein Jahr Kontakt. Ich fing an, ein Doppelleben zu führen, damit ein schlechtes Gewissen zu bekommen, denn ich konnte niemanden damit trösten, wie schön sie es hätte, obwohl ich über den Schmerz meiner Eltern traurig war. Mir wurde bewußt, daß ich ihre Lichtgestalt bald nicht mehr sehen würde, da unsere Schwingungsebenen auseinanderfließen mußten.

Zu diesem Zeitpunkt hatten meine Mutter und ich ein gemeinsames Erlebnis, das mich enger an meine Mutter band. Meine Mutter reagierte: Das bleibt unser Geheimnis, das dürfen wir keinem erzählen. Für mich war es wie ein Schwur, und ich verschloß diese andere Wirklichkeit in mir. Erst dreiundzwanzig Jahre später, nach dem Tod meiner Mutter, entwickelte sich ein Drang, diese Wirklichkeit zu erforschen. Heute bin ich mir bewußt, daß ich keinem Menschen diese Tatsachen beweisen muß. So, wie es ist und wie es aufgenommen wird, ist es richtig. Manche horchen in sich hinein, manchen kommen Erinnerungen, manche beginnen darüber nachzudenken oder empfinden gleiche Schwingungen, manche stempeln mich als Spinner ab. Ich akzeptiere es als ihren Resonanzboden, erfasse einigermaßen, wann ich zu schweigen habe, um mich nicht selber zu verletzen."

## Gnosis

Kann jeder Mensch eine Engelerfahrung machen? Oder wird die große Mehrheit niemals erwachen? Bleibt die Gnosis, die spirituelle Erkenntnis, nur einer Minderheit vorbehalten? Die alten Gnostiker waren Erwachte. Sie hatten den Engelblick. Die Gnostiker unterteilten die Menschheit in drei Gruppen:

> Seelenmensch (Pneumatiker),
> Verstandesmensch (Psychiker),
> Leibmensch (Somatiker).

Ein *Leibmensch* (Somatiker) ist sinnlich-körperlich ausgerichtet. Er hält sich an das mit Händen Greifbare. Theorien und hohe Gedankenflüge mag er nicht. „Lieber den Spatz in der Hand als die Taube auf dem Dach", ist sein

Motto. Im Beruf ist er verläßlich. Er bastelt gerne an seinem Haus, gestaltet den Garten. Veränderungen in Ehe und Familie lehnt er ab.

Der *Verstandesmensch* (Psychiker) sucht klare, berechenbare Verhältnisse. Er will die Welt und sein Leben wissenschaftlich erklären. Sein Motto lautet: „Das müssen wir erst ausdiskutieren!"

Der *Seelenmensch* (Pneumatiker) ist offen für alles Übersinnliche. Er liebt die Sterne und den Mond. Die offene See und die hohen Berge. Er ist kinderlieb.

Leibmenschen und Verstandesmenschen, so lehrten die Gnostiker, seien blind für den Ruf aus der himmlischen Welt. Vor ihren Augen könnten zwanzig Engel leibhaftig erscheinen, sie würden fünfzig vernünftige Gründe finden, warum die Epiphanie eine Täuschung oder wissenschaftlich nicht beweisbar sei. Der Engel könnte sie beim Treppensturz oder Autounfall vor allem Schaden bewahren, sie würden vom Zufall sprechen. In der Liebe könnten sie himmlische Momente erlebt haben, sie würden diese Erfahrung durch den erhöhten Ausstoß von Hormonen erklären. Das nächtliche Licht im Zimmer der kleinen Elisabeth hätte sie zu einer Überprüfung der Stromleitung veranlaßt. Mit einem Erdtyp oder Verstandestyp über Engelerfahrungen zu sprechen, sei völlig sinnlos, sagt der Gnostiker. Genausogut könnte man versuchen, einen Fisch unter den Bergziegen weiden zu lassen. Leib und Geist werden gegenüber dem Anruf des Himmels immer taub bleiben. Deshalb müsse der Seelenmensch den Verstandes- und den Leibmenschen meiden.

Seelenmenschen dringen in esoterische Tiefen vor und können bis in die letzten Kammern des Herzens schauen. Doch nutzen wahre Meister diese Fähigkeiten nicht nur für sich allein. Lucia war eine von ihnen. Ich traf sie in Autun. Davon später.

Ruth, eine praktizierende Katholikin, erzählt von einer anderen Begegnung: „In Polen lernte ich einen Herrn kennen, der besondere Veranlagungen hatte. So konnte er aus den Fotographien die Krankheiten der betreffenden Personen erkennen. Auch hatte er die Begabung zu sehen, ob neben einer Person eine lichte oder eine dunkle Gestalt stünde. Als dieser Herr mich anschaute, sagte er, daß neben mir eine lichte, wunderschöne Gestalt stünde. Ich nahm diese Geschichte nicht ganz ernst, empfand aber Tage später darüber eine große Freude und dachte mir, das könne wahrscheinlich mein Schutzengel sein, der gesehen worden ist. Seit diesem Erlebnis bin ich dankbar geworden und nannte meinen Schutzengel Raphael.

Man berichtete mir, daß dieser Herr, wenn er bei einer Person eine dunkle, häßliche Gestalt sah, sich nicht darüber äußerte und versuchte, so schnell wie möglich Abstand zu gewinnen. Kann es dies geben, daß ein Mensch nicht vom Engel, sondern vom Teufel begleitet wird? Das wäre ja entsetzlich!"

Es gibt Stufen des Erwachens und unterschiedliche Grade der Einweihung. Aber jeder Mensch kann von dem Engel aus dem Schlaf geweckt werden. Der Seelenmensch, der Verstandesmensch und der Leibmensch bilden eine Einheit. Ganzheitlich leben heißt: Seele, Verstand und Leib in Einklang bringen. Das ist die große Aufgabe unserer Zeit. Mütter und Väter, Erzieherinnen und Erzieher, Lehrerinnen und Lehrer sind hier gefordert. Mathematik, Fremdsprachen, Naturwissenschaften, zahlreiche sportliche Aktivitäten helfen bei der Entwicklung von Verstand und Leib. Wer aber kümmert sich um das seelische Wachstum der Kinder? Wer setzt der alltäglichen Gewalt die Kraft des Friedens entgegen? Wer führt die Kinder aus der Fernsehhöhle hinaus ins Licht der Wahrheit? Wer befreit sie aus der Vereinzelung und führt sie zur Gemeinschaft? Der Seelenmensch in ihnen ver-

kümmert. Bald wissen sie nichts mehr von der höheren
Welt. Dann werden sie auch die Mutter Erde nicht mehr
achten. Es sei denn, der Engel der Geburt weckt sie aus
dem Schlaf.

## Lucia

*A*ls ich im dreiunddreißigsten Lebensjahr stand, hatte
der Engel meine Seele berührt und aus großer Dunkelheit
befreit. Da erwachte sie und machte sich auf die Suche.
Denn sie wollte ihn wiedersehen. Die Spur führte nach
Burgund. Es war Frühjahr, Gabriels Zeit. Denn dieser
Engel wacht auch über die aufkeimende Saat auf den Fel-
dern, schützt die Osterlämmer und die Liebenden. An
einem 25. März erschien Gabriel der Maria. In den römi-
schen Ruinen von Autun begegnete ich an diesem Tag Lucia. Der späte Nachmittag hatte sich in Dämmerung
gehüllt, da trat sie plötzlich hinter einer Säule hervor. Sie
merkte wohl, daß ich mich erschrocken hatte und sagte:
„N' a pas peur! Fürchte Dich nicht!"

In der Hand hielt sie eine Lilie. Sie lud mich zum
Abendessen ein, führte mich in die Stadtmitte zurück,
dann eine steile Straße hoch zu einem kleinen Restaurant,
das gegenüber der Kathedrale von Autun lag. Hier waren
wir die einzigen Gäste. Wir bestellten Crepes, dazu roten
Burgunder. Der Wirt brachte eine mit Wasser gefüllte Fla-
sche für die Blume. Er schien meine Begleiterin zu kennen. Sie zündete den Docht der Kerze an. Wir sahen uns
schweigend in die Augen. Unsere Hände und Füße
berührten sich nicht. Ihr Blick war ruhig, tief und ernst.

„Du suchst den Engel!" sagte sie nach einer Weile.

„Woher weißt Du?" fragte ich erstaunt.

„Ich habe in Deine Seele geschaut."

Ich errötete, denn ich wußte, das war nach dieser Begegnung nur noch die halbe Wahrheit. Aber ich war auf alles gefaßt.

Sie lächelte.

„Es gibt viele Gründe, nach Autun zu kommen: der Wein, die Kunst, die Liebe, der Engel. Laß Dich nicht ablenken! Bleibe Dir treu! Folge dem Stern!"

Sie deutete auf die Kathedrale.

„Saint-Lazare."

Ich kannte den Namen nur aus dem Johannesevangelium. Wer war dieser Heilige Lazarus? Sie klärte mich auf. Es war tatsächlich der Freund Jesu, der Bruder von Martha und Maria, den Jesus nach seinem frühen Tod wieder ins Leben zurückgeholt hatte. Mit dem Schiff durchquerte er das Mittelmeer, landete in Südfrankreich und kam bis nach Autun. Die Kathedrale wurde seine zweite Grabstätte. Wie ein Blitz durchschossen mich die Gedanken. Schlafen und Erwachen, Dunkel der Seele und Licht des Himmels, Grab und Auferstehung mitten im Leben, den Tod überwinden hier und jetzt. Mich drängte es hinaus.

„Wir können jetzt nicht hinein. Die Kathedrale ist bereits geschlossen", sagte Lucia.

„Dann öffne sie!"

Wir standen auf.

Die Rechnung sei bereits beglichen, sagte der Wirt, als ich bezahlen wollte. Lucia war offensichtlich eine Fremdenführerin, denn sie besaß den Schlüssel zu einer Seitentür der Kathedrale. Sie führte mich durchs Dunkel. Über einige Steinstufen kamen wir in einen Raum. Ein Licht ging an. An den Wänden hingen aus Stein gemeißelte Szenen. Alte Kapitelle, die einst in vier oder fünf Meter Höhe auf den Säulen standen und das Dach stützten, erklärte Lucia.

„Warum so hoch? Da konnte sie doch niemand sehen."

„Eben: Die Welt ist voller Wahrheiten, Mächte und Gestalten, die Menschen nicht sehen können und die trotzdem da sind. Die Kathedrale schenkt euch davon eine Ahnung. Sie ist eine Schule des Sehens!"

Plötzlich durchströmte mich das Glück des Wiedererkennens. Da war er wieder: Gabriel, Engel des Erwachens und der Neugeburt. Er beugte sich über ein Bett, in dem drei Männer schliefen. Eine große Bettdecke lag über ihren Körpern. Nur der Arm eines Mannes lag auf der Decke. Sie trugen Kronen auf ihren Häuptern und waren unterschiedlichen Alters, wie ich an ihrem Bartwuchs erkennen konnte. Merkwürdig schien mir ihre Schlafhaltung. Sie lagen nicht neben, sondern übereinander. Ja, die drei hatten nur einen gemeinsamen Leib. Gabriel wies mit dem linken Zeigefinger nach oben, wo ein achtzackiger Stern am Himmel stand.

Inmitten der stillen Betrachtung vernahm ich die innere Stimme, die seine Stimme war. „Welchem Stern folgst Du in Deinem Leben?"

Der Zeigefinger der rechten Hand des Engels berührte den Ringfinger des jüngsten Königs.

„Sieh, die Hochzeit von Himmel und Erde!"

Ich schaute mir die Gesichter der drei Männer genauer an. Der alte König, auf dem die beiden anderen ruhten, hatte die Augen geschlossen, der mittlere König ebenfalls. Nur der dritte König, dessen Ringfinger vom Engel berührt wurde, er hatte seine Augen aufgeschlagen. Er allein hatte den Anhauch des Engels gespürt, seine Stimme vernommen und den Stern gesehen. Die drei Könige: der Seelenmensch, der Verstandesmensch, der Leibmensch. Was mich durchglühte und erschütterte, war die Erkenntnis, daß die drei Menschen eins waren und eine unzertrennliche Einheit bildeten. „Das bin ja ich!" rief es in mir. „Ich bin Seele, Geist und Körper."

Damals entdeckte ich: Allein die Augen der Seele können den Engel schauen. Was aber wäre Schwester Seele ohne ihre beiden Geschwister, den Bruder Geist und den Bruder Körper! Engel sind ganzheitliche Wesen, männlich und weiblich zugleich, weil sich alles in ihrer Natur in Harmonie ergänzt. Das heißt ganzheitlich sein! Deshalb werden die Erfahrungen der Seele den Geist durchdringen und auch den Körper bis in die Zehenspitzen. Der Geist wird prüfen, Wahrheit und Einbildung zu scheiden wissen und damit der Seele helfen und sie vor Verführung schützen. Der Engel will eine Veränderung der Welt. Das Unsichtbare soll sichtbar werden und Gestalt annehmen. Der Himmel soll die Erde durchdringen. Deshalb braucht die Seele den Geist und den Körper, wenn Unsichtbares in Sichtbares verwandelt werden soll.

Lucia hatte mir ein Geheimnis anvertraut. Dankbar blickte ich sie an. Sie mußte gespürt haben, daß ich sie in meine Arme schließen wollte. Denn sie wandte sich mit einer leichten Verbeugung von mir ab und verschwand im Dunkel der Kathedrale. Ich eilte ihr hinterher und fand nach draußen. Ich muß gestehen: Ich hatte mich in sie verliebt. Aber was liebte ich, als ich sie zu lieben begann? Liegt nicht in jedem spirituellen Erwachen und geistigen Erkennen eine erotische Kraft, die auch den Leib durchglüht? Drängt nicht alles in uns nach Hingabe?

Im Restaurant „Des Ursulines" saßen wir uns wieder gegenüber. Ihr Blick war klar und tief. Die Augen lachten aus einem Strahlenkranz winziger Falten. Seitdem weiß ich: Das ist der zweite Engelblick. Den ersten bringt jedes Kind mit auf die Welt. Den zweiten Engelblick schenkt uns die zweite Geburt. Von ihr zeugen die Falten im Gesicht und die Schwangerschaftsnarben der Seele. Seit jener Nacht erkenne ich Menschen, die einen Blick hinter den Schleier der Wirklichkeit geworfen haben und vom Engel geküßt worden sind.

„Es gibt Wahrheiten, die entdecken wir erst, wenn die ersten Falten gekommen sind. Der Engel fügt unserem Gesicht weitere dazu. Erst müssen wir gestorben sein, um neu geboren zu werden. Auch ich bin mit dreiunddreißig Jahren gestorben", sagte Lucia. Dann erzählte sie eine merkwürdige Geschichte.

„Ich glaubte, mein Leben fest im Griff zu haben. Hatte eine steile berufliche Karriere gemacht. Auch mein Privatleben schien hervorragend geordnet. Die Kinder gesund, die Ehe gut. Meine Mitarbeiter bewunderten mich. Ich galt als Vorbild, und alle glaubten, ich sei glücklich. In Wirklichkeit aber fühlte ich mich innerlich leer. Darüber konnte ich mit meinem Mann nicht sprechen. Ich hatte das Gefühl, mein Leben sei zu Ende. Niemals war ich ernsthaft krank gewesen. Nun lief ich von einem Kollegen zum anderen, ließ mich von Kopf bis Fuß röntgen, weil ich dachte, ich hätte Krebs, mal in der Brust, mal in der Gebärmutter. Dann kam die Stunde der Versuchung. Ich begann zu fallen. Der Schatten lag nicht auf der Lunge, sondern auf meiner Seele. Er verdunkelte sie immer mehr. Ich hatte das Böse entdeckt und fand Gefallen an ihm. Ein Doppelleben begann."

„Was erzählst Du da! Das kann doch nicht stimmen!" unterbrach ich Lucia. „Du bist doch ein Engel!"

„Schweig!" gebot sie mir. „Was weißt Du von der Seele einer Frau?"

Dann fuhr sie in ihrer Beichte fort. Tagungen und Kongresse habe sie regelmäßig, aber nicht aus beruflichen Gründen besucht. Ein unwiderstehlicher Drang trieb sie zum Ehebruch.

„Ich war zerstört und fand Lust an der Zerstörung anderer. Den Schein meiner eigenen Ehe aber wußte ich zu wahren. Als ich an Einkehrtagen im Kloster M. teilnahm, hatte ich nicht eher Ruhe, bis ich in den Armen des Exerzitienmeisters lag. Die Frucht dieser Nacht ließ ich

nicht wachsen. Diese Ausschweifungen behinderten kei-
nesfalls meine beruflichen Erfolge. Im Gegenteil. Sie sti-
mulierten mich. Doch je stärker mein Ansehen in der Öf-
fentlichkeit stieg, je mehr mir die Patienten vertrauten,
desto größer wurde die Lust am Bösen."

Nun begann ich zu verstehen, warum Lucia jeden
leichten Annäherungsversuch sogleich abgewehrt hatte.
Was begehren wir in unseren Begierden? Was lieben wir,
wenn wir lieben? Wer aber viel geliebt hat, dem kann viel
vergeben werden, hatte einst ein Meister gesagt. Vorher
aber muß er sterben. Lucia starb in einem Hotel in Brest.
Sie hatte viel getrunken. Der junge Mann, der bei ihr war,
hatte in ihrem Auftrag bei Lucias Eltern angerufen und
mitgeteilt, ihre Tochter sei beim Surfen von einer Welle ergriffen worden und ertrunken. Da war der Abgrund erreicht.

„Tiefer konnte ich nicht mehr fallen. Als ich aber ganz
unten lag, trat der Engel an meine Seite, hob mich auf und
führte mich langsam wieder aus der Finsternis. Er nahm
mich in seinen Dienst."

Damit schloß Lucia ihren Bericht. Später begegnete ich
anderen Menschen, die auf seltsamen Umwegen ihren
Engel gefunden haben. Der eine rief als Schüler in der
Klosterkirche von Maulbronn den Teufel an, der andere,
verheiratet und Vater eines achtzehnjährigen Sohnes,
wird nachts wach, fühlt in sich einen unwiderstehlichen
Drang aufzustehen, wird wie von einem unsichtbaren
Magneten ins Schlafzimmer seines Kindes gezogen, steht
vor dem Schlafenden und will ihn töten. Er sagt: „Ich
hab's wirklich so erlebt: Es ist etliche Jahre her, da bin ich
nachts aufgestanden. Irgend so eine Nightmare im Kopf
und bin durch das Haus gegeistert, und bin dann an das
Bett eines Familienangehörigen getreten und – also ein
geliebter Mensch, mit dem mich kein Haß verbindet –

hatte dann ein nahezu unbezwingbares Bedürfnis, diesen Menschen umzubringen, zu erwürgen. Das war so stark, also ich bin da ungeheuer vor mir erschreckt und habe Gewalt aufwenden müssen, richtige Gewalt, ganz rational: Wo bist Du jetzt eigentlich? Du pennst nicht. Du träumst nicht. Du bist hier. Das kannst Du nicht tun. Du hast überhaupt keinen Grund. Was wären die Folgen? Ich habe mich regelrecht mit Gewalt dagegenstemmen müssen. Raus aus dem Zimmer – sonst's passiert's! Aber das war so stark, der Sog war so stark, das war eine ganz reale Kraft." Wenige Wochen nach jener Nacht erleidet der Sohn einen schweren Autounfall. Sein Leben hängt am seidenen Faden. Für ein halbes Jahr liegt er auf der Intensivstation.

Eine dritte Person ist katholisch, arbeitet regelmäßig in der Gemeinde mit und besitzt einen Schlüssel zur Kirche. Ihr Familienleben gilt als vorbildlich. Jeder glaubt zu wissen, warum sie auch im Sommer dünne weiße Baumwollhandschuhe trägt. Es heißt, sie habe eine Stauballergie. Tatsächlich verbirgt sie unter den Handschuhen kleine Wunden, die sich in der Mitte der Händflächen befinden. Ähnliche Wundmale trägt sie an den Füßen und an der linken Brustseite. Nur wenige Menschen wissen von den offenen Wundmalen. Ihr Seelsorger vermutet, sie füge sich die Verletzungen selbst zu. Vielleicht mit einer Nadel oder einer Schere. Sie behauptet dagegen, die Wundmale stammten von ihrem himmlischen Bräutigam und seien ein Sühnegeschenk. Entdeckt hatte sie der Geistliche, als er einer Eingebung folgend nachts die Kirche betrat. Dort lag sie völlig entkleidet unter dem Altar. Sie bat um Spendung der Absolution. Anschließend erzählte sie, eine unbezwingbare Macht dränge sie manchmal aus dem Ehebett aufzustehen. Ihr Mann, ein Sozialarbeiter und Eheberater, habe einen gesunden Schlaf und merke nichts davon. Sie setze sich ins Auto, fahre zu einer Autobahnraststätte und gebe sich den Fernfahrern hin.

Lucia verschwand noch in derselben Nacht, so plötzlich wie sie gekommen war. Seitdem traf ich sie nie wieder. Aber ich bin gewiß, wir werden uns wiedersehen. Sie ist ja nicht der erste Engel, der aus Liebe gefallen war.

## Magie der Steine

Memed ist Taxifahrer in Berlin. Seine Eltern wohnen seit zwanzig Jahren in Kreuzberg. Memed kam im Alter von drei Jahren nach Deutschland. Jetzt sucht er seine Wurzeln. Er hat sich zum Workshop „Heilende Rituale" angemeldet. Jeder Gast, so hatte es in der Einladung gestanden, solle einen Stein mitbringen, der ihm wertvoll sei. Memed hatte einen Stein aus der saudiarabischen Wüste mitgebracht. Joost, der Leiter des Begrüßungsrituals, bat alle Teilnehmer und Teilnehmerinnen, ihre Steine in die Mitte des Raumes zu legen, so daß ein Kreis entstünde. Ich hatte einen Stein vom heiligen Berg Irlands mitgebracht. Der Berg heißt Crough Patrick. Schon in keltischer Zeit kannte man seine Aura. Mit Eleonora und den Kindern Johannes, Hannah und Jaakob hatte ich ihn bestiegen. Andere legten Steine aus Nepal, der Bretagne, dem Ural und den Anden in den Kreis. Unter den Teilnehmerinnen war auch eine Frau mit Namen Angela. Ich traute mich aber nicht, sie anzusprechen.

Jeder Stein hat eine eigene Aura und seine besondere Geschichte. Joost forderte uns auf, die Geschichten der Steine zu erzählen. Sie waren zugleich unsere Geschichten. Dann rief Joost die Engel der Steine an und bat sie, ihre Energien unter uns zu verströmen.

„Von diesen Steinen existiert jeder zweimal", sagte er. „Einmal seht ihr ihn hier in der materiellen Welt mit den Augen der Vernunft. Schaut Euch jeden Stein noch einmal ganz genau an. Schließt jetzt bitte die äußeren Augen, und öffnet die Augen der Seele. Werdet nicht ungeduldig, wenn es nicht sofort klappt. Konzentriert euch auf euren Stein. Sein Engel will euch etwas erzählen!"

Vor mir tauchte die Westküste Irlands auf. Ich schmeckte die salzige Luft auf meinen Lippen. Große weiße Vögel umschwärmten mich. Aber dies ist nicht meine, sondern Memeds Geschichte. Denn nach Beendigung des Rituals durfte jeder, der wollte, erzählen, was er in der geistigen Welt gesehen hatte. Memed tupfte sich mit einem Taschentuch die Stirn ab und erzählte.

„Es war in einer Höhle. Dort saß ich und meditierte. Die Unzufriedenheit mit meinem alten Leben hatte mich in diese Einsamkeit getrieben. Ich war auf der Suche nach meinem Engel, wollte neu anfangen. Doch als er erschien, schwand mir der Mut. Schon oft hatte ich es erlebt, daß ich in dem Moment, wo es ernst werden sollte, meine guten Vorsätze über den Haufen warf. Später hatte ich mich über meine Unfähigkeit, ein neues Leben anzufangen, geärgert. Der Engel sagte, ich solle mich nicht fürchten. Sein Name sei Gibrail.

,Nimm und lies!' sagte er und gab mir ein Buch mit arabischen Schriftzeichen.

,Ich kann das nicht lesen! Ich bin Türke und kein Araber!' sagte ich.

,Dann lerne arabisch! Du wolltest doch ein neues Leben anfangen. Jetzt hast Du die Chance.'

Mir schossen tausend Gedanken durch den Kopf. Was werden die Zuhause sagen, wenn ich arabisch lerne? Die werden mich für einen Fundi halten. Der Engel aber nahm seine fürchterlich großen Hände und würgte mich am Hals, daß mir die Luft wegblieb. Ich gab ihm ein Klopfzeichen.

‚Und?' fragte er, den Griff lockernd, ‚bist Du nun bereit, in meinen Dienst zu treten? Du wolltest es doch!'

‚Nein, ich werde es nicht tun. Wieso ich? Ich schaffe das nicht. Ich bin zu schwach!'

‚Aber Du wolltest es doch. Deshalb bist Du hierher gekommen!'

Zum zweiten Mal nahm er seine fürchterlich großen Händen, die mir jetzt noch gewaltiger vorkamen, legte sie um meinen Hals und würgte mich, daß ich glaubte, blau anzulaufen. Niedergerungen gab ich auf. Atmete mehrmals tief durch. Wieder fragte mich der Engel, ob ich nun bereit sei, mein Leben zu ändern.

‚Nein, ich doch nicht. Ich bin zu schwach!' rief ich in Todesnot.

Da legte er seine fürchterlich großen Hände zum dritten Mal um meinen Hals. Diesmal glaubte ich zu sterben, konnte gerade noch das Klopfzeichen geben und zeigen, daß ich zum Sprechen bereit war.

‚Und nun?' fragte der Engel.

‚Ja, ich will! Hilf mir!' röchelte ich. Der Schweiß stand mir in Perlen auf der Stirn. Dann lief ich aus der Höhle, nahm eine große Decke und warf sie über mich. Ich wollte nichts mehr hören, nichts mehr sehen, nichts mehr fühlen.“

Wir alle waren betroffen. Einige standen auf und legten Memed die Hände auf Kopf, Schultern und Rücken. Der Leiter aber sagte feierlich: „Weißt Du, daß diese Vision eine Auszeichnung ist?“

Joost sprach über die Atemnot. Sie komme aus der Seele. Viele Menschen verspürten den Zugriff des Engels am Hals, andere durch einen Druck auf der Brust oder einen nervösen Magen. Wenn sie mit ihren körperlichen Beschwerden zum Arzt gingen, könne der in diesen Fällen keine organischen Ursachen für das Leiden feststellen.

„Wer im körperlichen Sinne herzkrank ist, braucht die Hilfe des Kardiologen. Will aber das Herz neu geboren werden, braucht es die Hilfe des Engels. Von jeder neuen Geburt aber bleiben Schwangerschaftsnarben der Seele zurück."

Nach dem Wochenende traf Memed eine Entscheidung. Er nahm sechs Wochen Urlaub, flog nach Konja und lernte dort in einem Derwischkloster arabische Gebete und rituelle Tänze.

## Drittes Engelritual:
## Momente mit Durchblick

Unser Leben gleicht einem Uhrwerk. Der Sekunden-
zeiger dreht sich ohne Unterbrechung. Bleibt er stehen,
wird die Zeit angehalten. Dies kann ein Moment mit
Durchblick werden. Dann schauen wir in die Ewigkeit
und hören die Botschaft der Engel. Doch am nächsten Tag
haben wir sie vergessen oder tun sie leicht als Spinnerei
ab. Deshalb lerne, achtsam zu sein auf alles, was zu Dir
sprechen will!

Engel sprechen durch die Natur, die Musik, Dichtung,
Träume, durch Menschen oder Deine innere Stimme.
Führe ein Tagebuch. Schreibe die Musiktitel auf, die Dich
in Deinem Innersten berühren. Notiere Erlebnisse aus
dem Urlaub, wo Du Berührung mit der anderen Seite gehabt hast. Vielleicht war es der Sonnenuntergang auf
Thailand, der Blick aus dem Zelt auf den See oder jene
drei Tage in der Jugendherberge Tromsö: Es regnete ohne
Unterbrechung, Du schautest über den Fjord und warst
von allen Gedanken frei. Ein Augenblick aus Ewigkeit.

Wenn Stille eingetreten ist, heißt es: „Ein Engel ist an
Dir vorbeigegangen." Lerne die Sprache des Schweigens,
und höre auf die Stimmen der Stille.

Schreibe Deine Träume auf. Sammle Zitate und hefte
sie an die Wand. Notiere Deine Gedankenblitze: Auch sie
können eine Botschaft der Engel sein.

## Warten auf den Kuß des Engels

$A$ls ich von dem Workshop nach Hause kam, fand ich unter der Post einen Brief ohne Absender. Er war in Lübeck abgestempelt worden. Die Sonne schien. So setzte ich mich in den Garten auf einen der Sandsteine, die Eleonora zu einem Steinkreis geordnet hatte, und las.

„Ich schreibe Dir und will doch unerkannt bleiben. Ich weiß, das finden die meisten Menschen seltsam. Hörst Du mir trotzdem zu? Kannst Du mich so annehmen, wie ich bin? Immer wieder geht mir der Satz durch den Kopf: DAS UNSICHTBARE SICHTBAR MACHEN. Es ist wie eine Sehnsucht, nach der ich strebe. Ich, die für Dich unsichtbar bleiben möchte.

Ich will versuchen, von der unsichtbaren Welt zu erzählen. Sollte es nicht funktionieren, möchte ich vorwegschicken, daß ich in den schönsten und tiefsten Momenten dieser Erfahrungen von unfaßbarer Sanftheit, Zärtlichkeit, Tiefe, Freude und Liebe berührt – durchflutet worden bin, was tiefe Spuren in mir hinterlassen hat. Weißt Du, was ein brennendes Herz ist? Ich sah es einmal im Traum. Wenn ich mich jetzt daran erinnere, ergreift mich ein ungeheurer Schmerz der Entbehrung, und ich sitze hier und weine.

Ich habe das Gefühl, daß diese Tiefe, dieses brennende Herz meine Bestimmung ist und das Zuhause für mich werden muß und ich so lange nicht glücklich bin, wie ich diese Liebe nicht vollkommen in mir verinnerlicht habe. Es erschüttert mich immer wieder, daß ich trotz dieser Erfahrungen nicht voll von Vertrauen bin, sondern mich auch immer wieder in Ängsten und weltlichen Sorgen und Bedürfnissen verliere. Dafür schäme ich mich sehr!

Vor einigen Jahren wurde mein innerer Drang nach Antworten so stark, daß ich aus ganzem Herzen darum gefleht habe, überzeugt zu werden. Ich wollte an einen Sinn meines Lebens und Leidens glauben. Ich wollte die Liebe in mir verankern und vom Zweifel befreit werden. Ich habe mich gefühlt wie der ungläubige Thomas.

Dann geschah es. Es war, wie einem Freund zu begegnen, der mich in- und auswendig kennt und mich sanft liebt. Mit welchen Sinnesorganen ich das wahrgenommen habe, vermag ich nicht zu sagen. Ich glaube nach meinen Erfahrungen, daß wir mehr dieser Sinnesorgane haben, als wir allgemein annehmen. Diese Kraft kann meine Aufmerksamkeit auf Dinge oder Geschehnisse lenken, die ich übersehen würde. Aber es geht nicht, wenn *ich* es will. Das ist auch mit anderen Erlebnissen so, die ich gerne wiederholen würde, weil sie mir Freude bereitet haben.

Ich sitze in einer friedlichen Stimmung in meinem Wohnzimmer. Mit einem Mal gehen mir Gedanken durch den Kopf wie ein Lied, das ich verträumt vor mich hinsumme, ohne im Bewußtsein zu haben, um welches Lied es sich handelt. Plötzlich frage ich mich: ‚Was war das gerade, das waren doch nicht meine Gedanken?‘ Ich mache mir den Wortlaut bewußt und brauche eine ganze Weile, um den Sinn zu begreifen. Woher kommen diese Gedanken? Bin ich es, die sie denkt? Oder werden sie in mir gedacht? ‚Geduld und Hoffnung sind Vertrauen in die unendliche Herrlichkeit des Seins‘?

Jetzt nehme ich eher, intensiver und schmerzhafter wahr, wenn etwas im zwischenmenschlichen Bereich nicht stimmt. Es ging mir so mit zwei Menschen, die ich erst kurze Zeit kenne. Ich verbrachte ein paar Tage mit ihnen auf einem Seminar. Ich spürte sehr schnell ein ungewöhnlich starkes Interesse an ihnen und bekam immer mehr das Gefühl, daß ihre Beziehung in großer Gefahr war. In einer Nacht wachte ich dann mit so großer Sorge um die beiden auf, daß ich überlegte, sie am nächsten Tag darauf anzusprechen. Doch mein Intellekt hinderte mich daran. Ich wußte nicht, was ich ihnen sagen sollte, und hatte Angst, sie würden mich aufdringlich finden, denn es ging mich ja nichts an, ob ihre Beziehung in Ordnung war oder nicht. Aber ich wurde die innere Not nicht los, ihnen helfen zu müssen. Später erfuhr ich dann, daß die zwei sich direkt nach dem Seminar getrennt haben und die Frau Monate in der Psychiatrie verbracht hat, weil sie diese Trennung nicht überwinden konnte.

Hörst Du mir noch zu? Ja? Darf ich Dir von einer Erfahrung erzählen, die mir das Gefühl von Gottes Nähe vermittelt hat? Es war ein heiliger Moment. Ich weiß, das klingt komisch. Mir fällt es unglaublich schwer, eine Möglichkeit der Beschreibung zu finden, die verständlich ist. Es waren Augenblicke, in welchen mein Bewußtsein in einen anderen Raum trat. Sie kamen ungerufen. Ich schaute etwas, das sah aus wie eine hohe Leiter, und auf der obersten Sprosse stand ein Engel mit einem Kind. Ich fühlte eine unbeschreibliche Liebe in mir, meine Umgebung schien zu leuchten und die gesamte Existenz, alles Leben, erschien mir wunderbar. Es war eine Liebe, die wirklich alles durchdrang, in der ich mit allem absolut verbunden schien. Es gab keine persönlichen Grenzen mehr. Ich selbst schien ein heiliges Wesen zu sein, so wie *alles* andere auch! Es war Frieden in mir!

Es waren Augenblicke der Erleuchtung. Sie haben in mir ein schmerzhaftes Gefühl der Unvollkommenheit hinterlassen. Doch meine Seele hat dadurch ein Ziel erhalten, ein Wissen um das *heiligste Sein*. Ich habe eine Ahnung von Gottes Schmerz, der mit solch einem liebenden Bewußtsein unserem Treiben zuschauen muß. Doch wenn er diese Liebe in sich hat, kann er gar nichts anderes als lieben. Einmal war mir so, als würde mich jemand auf seinen Armen fliegen lassen. Ich konnte allerdings nichts sehen. Ich nahm etwas wie das Wehen eines sanften Windes wahr. An einem frühen Morgen, ich war noch nicht richtig wach, schlief auch nicht mehr richtig, sprach plötzlich eine Stimme zu mir. Voller Aufregung sagte ich: ‚Ich habe dich nicht verstanden, ich habe auf meinem Ohr gelegen.' Die Stimme sprach noch einmal und sagte: ‚Du hast verstanden!' Ich nahm all meine Konzentration zusammen und versuchte mich zu erinnern, obwohl es mir unmöglich schien. Doch da wußte ich es auf einmal wirklich wieder, und ich vernahm die *Gedanken* wie in Erinnerung noch einmal. ‚Folge mir zum Licht!' Ich war innerlich erschüttert.

Auf einer Nepalreise in einem Frauenkloster im Himalaja war unsere Gruppe zu einer Puja am frühen Morgen eingeladen worden. Ich hatte die Augen geschlossen und lauschte den Gebeten der Frauen, als auf einmal vor meinen inneren Augen ein Film ablief. Ich sah eine Nonne, die ihre Hände vor ihrer Brust öffnete und aus ihrem Herzen strömten unzählige Tauben. Ich konnte währenddessen sogar eigene Gedanken oder Fragen formulieren. Und so stellte ich eine Frage, die mich immer wieder sehr beschäftigt hat. ‚Würde Jesus diese Nonnen hier lieben und anerkennen, die ja keine Christen, sondern Buddhisten sind?'

Sofort erschien ein neues Bild. Ich sah Jesus hinter einer Nonne stehen und ihr sanft die Haare streicheln. Diese Szene berührt mich jetzt wieder so sehr, daß ich weinen muß. ICH GLAUBE, GOTT LEBT UND LIEBT ÜBERALL! Mit dieser Einstellung fühle ich mich bisher sehr alleine. Sie macht mich schnell zum Außenseiter und einsam unter den Menschen, und das bin ich nicht gerne."

Der Brief war mit ‚Angela' unterschrieben.

# RAPHAEL

# DIE LEBENSLINIE ERKENNEN

„Alle Rätsel des Lebens scheinen Dir klar zu werden,
und Du verlachst Dich selbst,
daß Du Dich hattest mit Grübeln verzehren können;
es ist alles so klein, so unaussprechlich klein."

FRIDTJOF NANSEN

## Engel vom Erbdrostenweg

*T*ante Martha wurde Ende des letzten Jahrhunderts in Zimpel geboren. Sie lernte Putzmacherin. Was das war, haben wir nie richtig begriffen. Es muß eine Tätigkeit gewesen sein, bei der Hut- und Kleiderschmuck eine zentrale Rolle spielten. Ohne Hut ist Tante Martha nie auf die Straße gegangen. Vielleicht wollte sie nicht die Engel von ihrem himmlischen Gesang ablenken. Wenn in Zimpel zum Tanz aufgespielt wurde, war Martha dabei. Mit Hut, einem „Blumenbukettel" am Kleid und zehn Pfennig in der Tasche begann die große Sause. Viele Männer verliebten sich in sie. Ein jüdischer Rechtsanwalt war darunter und Onkel Heinz. Jahrzehnte später schrieben die Beatles ein Lied für Tante Martha. Es ist auf dem weißen Album und heißt „Martha, my dear".

Bei uns auf dem Erbdrostenweg hieß Tante Martha „Tatta". Wenn Tatta uns Kindern das Photo von Onkel Heinz zeigte, konnten wir uns ein Lachen kaum verkneifen. Onkel Heinz hatte ein strenges Gesicht und keine Haare auf dem Kopf. „Der Putz", das waren für uns die Haare. Und die wurden immer länger. Onkel Heinz aber hatte keinen Putz auf dem Kopf, obwohl er mit einer Putzmacherin verheiratet war. Er war viele Jahre älter als Tante Martha gewesen und schon lange vor unserer Geburt gestorben. Tatta schwärmte aber noch immer von ihm. Sie hatte ihn geheiratet, weil er Beamter und ein „Zwölfender" gewesen war. Das Wort „Zwölfender" kannten wir aus der Jägersprache. Wir stellten uns Onkel Heinz mit einem mächtigen zwölfendigen Geweih auf dem Kopf vor. Tante Martha klärte uns auf. Onkel Heinz war ein „Zwölfender", weil er dem Kaiser zwölf Jahre als Soldat gedient hatte. Jetzt freute sich seine Witwe ihrer Pension, des Kaffees, Doppelwacholders und des fetten Essens.

Tante Martha ging nie zur Kirche. Wozu auch? Das Alltägliche war ihr Gottesdienst. Wenn mich abends im Bett die Angst vor der Dunkelheit packte, saß sie als mein Schutzengel im Nachbarzimmer und wachte. Dort stand eine Phonobank, Marke „Europa", mit Plattenspieler und Radio. Tatta hätte zackige Märsche geliebt, wie sie der Witwe eines Zwölfenders wohl anstehen, oder Walzer, vielleicht auch Polka. Im Plattenschrank meines Vaters fand sich jedoch dergleichen nicht. Es hätte ja auch zur späten Abendstunde nicht gepaßt. So hörte sie Smetanas „Die Moldau" in ständiger Wiederholung, bis der Strom ihr Bewußtsein in den Schlaf gespült hatte. Da lernte ich: Auch schlafende Engel beruhigen die Kinderseele.

Außer der Fibel hatte Tatta nie ein Buch berührt. Ihr Wissen kam direkt vom Himmel. Durch Tatta entdeckte ich die Lebenslinie, den roten Faden, der sich unsichtbar durch jedes Leben zieht, es zusammenhält und ihm Sinn schenkt. Tatta lebte in den ersten fünfzehn Jahren ihrer Kindheit und Jugendzeit vor dem Ersten Weltkrieg. Sie zeigte mir etwas, das stärker war als alle Geschichte: die Urzeit und Traumpfade der frühen Jahre. Im hohen Alter war sie heimgekehrt. So erkannte ich, daß einem Engel die Erfahrungen der ersten Jahre des Erdenlebens besonders wichtig sind, daß er nichts vergißt und wir ihm nicht verlorengehen.

Ich war vier Jahre alt. Meine Geschwister Volker, Svenja und Karsten lebten noch im Himmel bei ihren Engeln. Meine Eltern fuhren mit mir ins Oldenburgische zu Erich Albers. Er wohnte in einem einsam gelegenen Haus, nahe am Wald. Ich spielte allein auf der Straße. Die Tatta und der Erbdrostenweg waren fern. Da fiel ein Starkstromkabel vom Hochspannungsmast. Noch heute spüre ich die Energie und die Vibration der Luft. Das Kabel hätte mich getroffen, wenn nicht ein Engel mich blitzschnell zur Seite gerissen hätte. Ich drehte mich um. Aber es war niemand zu sehen. Ich lief ins Haus zu meinen Eltern. Sie hatten nichts bemerkt. Da lernte ich: Engel sind nicht ortsgebunden. Am Erbdrostenweg wirkte mein Schutzengel durch die Tatta. Weil sich Tatta aber nicht gerne bewegte, begleitete mich mein unsichtbarer Freund auf allen Straßen jenseits des Elternhauses.

Mit den äußeren Augen habe ich meinen Engel damals nur einmal gesehen. Am Heiligen Abend saß ich im Kinderzimmer und wartete auf die Bescherung. Das Haus duftete nach Tannenzweigen, die meine Mutter verbrannt hatte. Durch den Türspalt schaute ich auf den Flur. Da schritt ein leuchtender Engel an mir vorbei und trat durch die geschlossene Wohnzimmertür ins Weihnachtszimmer.

Ohne Schutzengel würde kein Kind das vierte Lebensjahr erreichen. Deshalb schlafen Engel nicht nur am späten Abend vor Phonobänken, sondern stehen auf Treppen, unter Mauern, wachen vor dem offenen Feuer, sitzen auf Baumkronen, Klettergerüsten, Balkonbrüstungen und anderen gefährlichen Orten. Wie alle Kinder bin ich oft gestürzt. Bei Nina und Silvi Brocke mit dem Fahrrad gegen die Mauer aus Muschelkalksteinen gefahren, bei Röder in den Jauchegraben, bei Fritze Feldkeller auf der Hafenstraße übersah mich der Beifahrer eines Autos. Er öffnete die Tür, ich raste mit dem Rad dagegen und lag lange mit einer Gehirnerschütterung darnieder. Doktor Heukmann kam und leuchtete mir mit der Taschenlampe in die Augen. In der Turnhalle fiel ich mit der Stirn in das Gitter des Lüftungsschachtes, ins Eis des Löschteiches der

Ida-Schule bin ich eingebrochen und in den Hühnerstall von Laudenbach. Nie ist mir Ernsthaftes passiert.

Ein warmes Sommergewitter. Ich sitze mit Tatta in der Gartenlaube und kann nicht ins Haus zurück, weil die Tatta nicht mehr gut auf den Beinen ist. So warten wir auf das Ende des Regens. Niemand konnte so gut warten wie Tatta. Nicht einmal Franz Kafka, der lange am offenen Fenster saß und wartete, daß ein Engel kommt und ihn küßt. Zuerst vertreiben wir uns die Zeit. Tatta trägt wie immer ihre alte Schürze, und weil es Hochsommer ist, sind ihr faltiger Hals und das welke Fleisch ihrer Arme unbedeckt. Neben dem Saftglas, aus dem die Wespen trinken, liegt ihre Zeitung „Der Schlesier". Aus Bonbonpapieren und Streichhölzern fertigt sie bunte Fähnchen für die Spielzeugautos.

Der Regen will nicht enden. Dann blicken wir stumm in den Garten und lauschen dem Regen. Es bedarf keiner Worte. Da steht das Unausprechliche im Garten. Die angehaltene Zeit. Der Engel der Stille. Adern voll Dasein. Unendliches Glück! Tatta nimmt ihre Brille ab und lächelt dem Engel der Stille zu. Da öffnet sich der Wolkenhimmel, und eine Leiter wird auf die Erde gesenkt. Auf ihr stehen sieben Engel. Der unterste Engel hält ein Schwert in der Hand, der zweite eine Waage, der dritte einen Spiegel, der vierte reitet auf einem Löwen. Der fünfte Engel trägt ein flammendes Herz, der sechste einen Pilgerstab, und der letzte hält ein Kind an der Hand. Die Tatta winkt ihnen zu: „Frieden sei mit Euch, Ihr Engel des Friedens, ja, ich komme bald."

Es war am Nikolaustag. Alle Kinder mußten sich in eine Reihe stellen, einzeln vortreten, dem rotgewandeten, weißbärtigen Mann und dem schrecklichen Knecht Ruprecht an seiner Seite die kleine Hand geben.

„Und wie heißt Du?" fragte der Nikolaus und schaute in sein großes goldenes Buch. Ich schwieg und überlegte. Vom Nikolaus hatte die Kindergärtnerin gesagt, er sei heilig. Ich kannte die Bedeutung des Wortes nicht, war übermütig, wollte seine Reaktion testen und stellte mich vor: „Ich bin der heilige Uwe!"

Die Kindergärtnerin entschuldigte meine Antwort mit dem Kommentar: „Das ist das Kind aus der Mischehe!" Der Nikolaus sagte: „Hier in meinem Buch steht, daß Du immer Deine Tante Martha ärgerst!" Das traf mich ins Herz. Ja, ich hatte sie geärgert. Aber woher wußte es der Nikolaus? Und es tat mir leid, weil die Tatta doch ein Engel war. Und ich weinte und bereute mein Verhalten. Gegen Ende eines jeden Vormittags betete Tante Anneliese mit uns:

> „Lieber Gott,
> einen Engel sende,
> der mit uns nach Hause geht.
> Bei jedem Schritt,
> bei jedem Tritt,
> geh Du, mein guter Engel, mit!"

Es gibt einen Engel des Wortes. Irgendwann in frühen Jahren durchbrach er die Lebenslinie. Wir haben seine Gegenwart vergessen. Er aber hat uns geprägt. So hatte ich bereits mehrere Engelbücher geschrieben, als mir meine Mutter von dem Engelgebet berichtete. Meine siebenundneunzigjährige Großmutter Selma gestand, daß sie seit Jahren jeden Abend mich und meine Familie in ihr Gebet einschließe und auch ein Engelgebet spreche:

> „Du mein Schutzgeist,
> Gottes Engel,
> weiche, weiche nicht von mir.
> Leite mich durchs Tal der Mängel,

bis hinauf, hinauf zu Dir.
Laß' mich stets auf dieser Erde,
Deiner Liebe würdig sein,
daß ich täglich besser werde,
nie ein Tag mich darf bereuen.
Steh' auch immer mir zur Seite,
wenn auch viel Gefahr mir droht.
Gib auch dann mir das Geleite,
wenn mich übereilt der Tod."

Der Engel des Wortes besitzt magische Kräfte. Sie gehören zur Melodie Deiner frühen Jahre. Du warst noch ein Säugling. Erste Gebete wurden über Dir gesprochen. Worte, Erzählungen, Bilder – Du hast sie längst vergessen, und doch wirken sie in den tiefsten Schichten Deiner Seele weiter. Dein Leben wird durch sie gestaltet und geleitet. Seit Jahren hängt ein Bild in Deinem Zimmer. Du kannst nicht in Worte fassen, warum Du es erworben hast. Es spricht noch nicht zu Dir. Dann kommt der Moment, wo Du verstehst.

Über viele Jahre hatte ich die Engel vergessen. Sie aber blieben mir treu und warteten am Fenster der Seele wie die Tatta. Im Jahre 1980 führten sie mich mit Gisela Röhn zusammen. Eines ihrer Bilder zog mich magisch an. Ich konnte nicht sagen warum. Vier Personen waren abgebildet. Im Hintergrund floß der Rhein vorbei. Drei Personen trugen Flügel. So fern war ich damals den Engeln, daß ich nicht einmal das Wort „Engel" benutzte, als ich Gisela Röhn fragte, warum die drei Gestalten Flügel trügen.

„Das werden Sie noch erfahren", war ihre Antwort. Acht Jahre hing das Bild in meinem Arbeitszimmer. Dann durchbrachen die Engel wieder meine Lebenslinie und weckten meine Seele aus dem Schlaf. Von allen Engeln sind mir der Engel des Wortes und der Engel der Stille die liebsten.

## In Stahlgewittern

*E*in Indianer kennt keinen Schmerz, und ein neunjähriger Junge flennt nicht. Erst recht war es Anfang der sechziger Jahre undenkbar, daß ein Erwachsener weinte. In der Friedenskirche zu Gremmendorf aber geschah das Unglaubliche: Die Tränen flossen. Rektor Greffin und Lehrer Jäger, die unter der Woche den Bambusstab auf den blanken Hosenböden ihrer Schüler tanzen ließen, beugten sich hier unter die Knute Gottes. In den Kriegsjahren hatte der Herr die Geißel über ihrem Leben geschwungen. Sie hatten beides erfahren: seinen gerechten Zorn und die unverdiente Gnade. Ihr Gott war nicht das liebe Gottchen. Gütig, schrecklich und voller Gnade war der Herr.

Pastor Drees beendigte nicht eher seine Predigt, bis die ganze Gemeinde in Erinnerung an jene Jahre Tränen vergoß. Alle heulten sie – auch der Rektor und der Lehrer. Erneut hatten sie in den Abgrund geblickt. Sie hatten die Stahlgewitter überleben dürfen und waren doch wieder über jedes erträgliche Maß schuldig geworden. Ja, sie hätten das gerechte Gericht verdient, der Gottesmann sprach die Wahrheit. Ginge es nach Gesetz und Gerechtigkeit, so müßte sie der Würgeengel auf der Stelle niederstrecken.

„Oh, barmherziger Gott! Dennoch sendest Du Vergebung aus lauter Gnade vom Himmel." Dieses Wort lies die süßen Tränen fließen. Alle atmeten durch und gingen erleichtert nach Hause. Wieder einmal wurde meine Lebenslinie durchbrochen. Ich war neun Jahre alt, als ich erkannte, daß auch Erwachsene, ja selbst Lehrer und

Rektoren, ohne Gottes gnädige Engel nicht durchatmen können.

Damals konnten viele Menschen Geschichten erzählen von sichtbaren und unsichtbaren Freunden, die ihnen inmitten der Not zur Seite gestanden hatten. Noch heute erinnern sie sich. Charlotte flüchtete mit ihren beiden kleinen Kindern aus Ostpreußen ins Niedersächsische. „Des Bombenhagels wegen wurden wir evakuiert. Ich kam mit den Kindern nach Hotteln zu einem sehr netten Ehepaar. Eines Tages rückten die Amerikaner ein, verhältnismäßig friedlich. Da ich gut Englisch spreche, gab es sowieso keine Schwierigkeiten. Im Gegenteil, sie fütterten meine kleine Tochter mit Schokolade. Eines Morgens jedoch ging ich ins Dorf, um für meine Kinder vielleicht etwas Milch zu organisieren. Die Kleinen hatte ich im Haus gelassen. Plötzlich schlug eine verirrte Kugel vor mir ein, vielleicht einen halben Meter von mir entfernt. Mein Schreck war groß! Was, wenn! Nicht auszudenken! Da war plötzlich der Gedanke: Dein Schutzengel!"

Einmal in ihrem Leben, in frühen Jahren der Kindheit, habe sie ihn sogar gesehen. Doch weil die Erwachsenen sie auslachten, habe sie den Freund vergessen. „Ich war damals bei meiner Großmutter und befand mich in der guten Stube, als plötzlich ein Engel durchs Zimmer schwebte. Er sah genauso aus wie alle gemalten Engel, weiß gekleidet, mit wunderschönen, breiten Flügeln. Als ich davon erzählte, wurde ich sehr ausgelacht. Von da an schwieg ich. Mit den Jahren vergaß ich den Vorfall."

Lieselotte Dierich berichtet von einem Fliegeralarm. Der Vater führte ein kleines Geschäft. Mit der Angestellten stieg er in den Schutzkeller hinab und war so leichtsinnig, seiner Tochter Lieselotte aufzutragen, noch rasch mit dem Fahrrad nach Hause zu Mutter und Schwester zu fahren. Am Himmel waren bereits die Flugzeuge zu sehen.

„Ich wußte: Hier bist du in Lebensgefahr. Ich warf das Rad hin und rannte in das am nächsten stehende Haus, klingelte wie verrückt und schlug heftig gegen die Haustür. Keiner öffnete. Was tun? Blitzschnell gingen die Gedanken, denn ich erkannte diese aussichtslose Situation. Ich bekam zum ersten Mal richtige Angst. An die Hauswand geduckt, hoffte ich, daß es gut gehen würde. Wie magnetisch hob ich den Kopf und sah auf der anderen Straßenseite ein Betonhäuschen in einem Schrebergarten, von dem mir ein Mann zuwinkte. Ich lief hinüber, über mir die ausgelösten Bomben, und purzelte mit diesem Unbekannten, fest umklammert, ein paar Stufen in einen fensterlosen Keller.

Im trüben Schein einer Handlaterne sah ich noch drei Personen. Dann wurde es dunkel, Staub und Qualm erfüllten den kleinen Raum. Nachdem Stille eingetreten war, gingen wir hinauf. Da standen wir nun fassungslos, daß wir noch lebten. Das Haus, davor ich erst Schutz gesucht hatte, stand nicht mehr. Ebenso alle anderen Häuser. Die großen, alten Ulmen lagen quer über der Straße, und das Haus neben diesem Betonhäuschen stand in Flammen, im Keller fanden fünf Menschen den Tod. Wir selber sahen aus wie die Mohren, schwarz und verdreckt. Dieser von meinem Schutzengel bestimmte Mann war meine Rettung. Ich glaube noch heute an diese geistigen Wesen, die mir so oft den richtigen Weg wiesen."

Ein zweites Mal, erzählt Lieselotte, wurde ihr Leben durch ihren Schutzengel gerettet. Es war gegen Ende des Krieges. Sie erwartete ein Kind. Das Haus in Köln hatte die Familie bereits verlassen. Die Großmutter aber wünschte, daß noch einige Sachen aus dem Gebäude gerettet würden. Toni, Lieselottes Mann, versprach, am nächsten Tag noch einmal nach Köln zu fahren. In der Nacht vor der Reise hatte Lieselotte einen intensiven Traum.

„Ich sah, wie unser Haus lichterloh brannte, sah verschiedene Dinge, die ich kannte, in die Tiefe fallen, und vor allem sah ich den Flügel, der am Fenster stand, wie er sich in der Hitze aufbäumte und die Saiten rissen. Eine Stimme sagte laut und deutlich: ,GEH NICHT NACH HAUSE!'"

Sie schrickt aus dem Traum auf, weckt auch ihren Mann und erzählt ihm den Traum. Toni aber erinnert sie an das Versprechen, das sie der Großmutter gegeben hatten. Morgen werden sie nach Köln fahren. Immer wieder bedrängt sie ihren Mann umzukehren, doch er meint, sein Wort halten zu müssen. Unterwegs übernachten sie in Rheinbach. Am nächsten Morgen erreichen sie Köln. Brandgeruch liegt in der Luft, dunkle Rauchwolken schweben über den westlichen Vororten. Dann sehen sie, was Lieselotte in der Nacht geträumt hatte.

„Unser ausgebranntes Haus sowie auch alle umliegenden zerstörten Häuser. Unsere Nachbarin, deren Haus halb weggerissen war, kam auf uns zu. Der Schreck der Nacht stand ihr noch im Gesicht. Sie sagte uns, daß sie gesehen hat, wie der Flügel sich aufbäumte und die Saiten sich aus ihrer Spannung gelöst hatten. Toni und ich schauten uns fassungslos an, sagten ihr aber von dem Traum nichts. Mein Schutzengel hat uns mal wieder zur Seite gestanden."

## Was schützt der Schutzengel?

$D$u bist ein Seelenmensch und liebst die Engel. Der Gedanke an Deinen Schutzengel erfüllt Dich mit innerer Bewegung, starken Gefühlen und der Freude, die in der Tiefe des Herzens wohnt. Mit Deinem Schutzengel untrennbar verknüpft sind Erinnerungen an die wichtigsten Momente Deines Lebens. Sie sind Dir kostbar und heilig. Denn in ihnen spürtest Du: Hiersein ist herrlich, und die Schöpfung ist schön. Wie das Wasser des Sees spiegelt Deine Seele das Licht der Sonne. Dein Leben hat einen höheren Sinn. Kein Schrecken kann ihn Dir mehr rauben. Mit allen Adern des Daseins lebst Du. Du hast die Stimme vernommen, die „Ja!" zu Deinem Leben gesagt hat, und Du hast mit „Ja!" geantwortet und wirst diese Bejahung in Trauer, Schmerz und Tod nicht widerrufen.

Gehörst Du zu den Engelfreundinnen und -freunden, die wütend werden, wenn sie den Mißbrauch der Schutzengel sehen? In der Konsumwelt schützen Engel alles, was dem Leibmenschen heilig ist: unbegrenzte Mobilität mit dem Auto, freie Liebe und klaren Korn, saftigen Schinken und unbegrenzten Kaufrausch zur Weihnachtszeit. Engel zieren Einkaufstüten, Servietten, Lampenständer, Adressbüchlein und Dessous.

> „Der beste Schutzengel für ihr Kind
> ist unsere Ausbildungsversicherung!"

> „Und schmeichelnd fragt das Engelein,
> darf' s noch ein Bommerlunder sein?"

„Fahren Sie mit dem Engel auf Teufel komm raus!"

„Eine himmlische Nummer!"

Wenn der Leibmensch das Wort „Schutzengel" hört, stellen sich in seinem Kopf unweigerlich Bilder von den Engeln des Konsums ein. Für den Haushalt hat der Leibmensch die beste „Putze", für den Ballettunterricht seiner Tochter den besten Pädagogen, für die Versorgung seiner Frau die beste Lebensversicherung. Ein Schutzengel ist für ihn wie eine Packung Aspirin oder Alka-Selzer. Der Leibmensch erwartet von seinem Schutzengel den Turbo-Effekt. Erfolgt nach Einnahme keine unmittelbare Wirkung, setzt er ihn wie ein Medikament ab.

Du aber weißt: Es sind auch die Stunden der Not und des Schmerzes, die Dein Leben reicher machen und seine Tiefe erschließen. Du darfst das Haus Deiner Seele kennenlernen, steigst hinab in die verborgenen Gewölbe und dunklen Kammern. Viele Menschen schrecken davor zurück. Du aber erkennst: Auch das bin ich! Manchmal hast Du Sorge, der Himmelsblick könnte Dir verlorengehen, das Auge der Seele seine Sehkraft verlieren und die Lebenslinie vom Sandsturm der Zeit zugedeckt werden. Der Engel läßt auch diese Erfahrungen zu. Am Ende wirst Du ihm dafür danken.

Ein privater Fernsehsender hatte zu einem Gespräch über Schutzengel nach Köln eingeladen. Medienmenschen fühlen sich von einem genauen Zeitplan besser geschützt als von Engeln. So wurden die Gäste zwei Stunden vor Beginn der Aufzeichnung ins Studio bestellt. Da saßen wir nun. Einmal angekommen, interessierte sich niemand mehr für uns. Man hatte uns einen kahlen Raum zugewiesen. Um uns herum herrschte eifrige Betriebsamkeit.

Es schien niemanden zu geben, der nicht rauchte. Wir kannten uns nicht, aber die Engel brachten uns bald in ein Gespräch. Ihr Wesen ist Dialog wie Hölderlin sagt:

> „Viel hat, seit ein Gespräch wir sind
> und hören voneinander,
> erfahren der Mensch."

In der Mitte des Lebens wächst das Bedürfnis nach Rückschau auf den bisherigen Weg. Einige nehmen sich vor, ihre Erinnerungen schriftlich festzuhalten, damit die Kinder und Enkelkinder Einblick in das Leben ihrer Eltern und Großeltern erhalten. Andere sind ihrem Schutzengel dankbar und wollen diesen Dank durch ihre Lebensbeschreibung zum Ausdruck bringen. Günther gehörte dazu. Er sagte: „Mein Großvater war mein Schutzengel!" Dank seines Großvaters habe er zahlreiche Abstürze als Kampfflieger überlebt.

„Woher weißt Du, daß Dein Großvater Dein Engel war?" fragte Karla. Sie ist Schulpsychologin und hat einen Lehrauftrag für Familientherapie an der Unsiversität Hamburg.

„Er starb vor meiner Geburt. Vom Himmel aus begleitete er mich durch mein Leben."

„Du glaubst also, daß die Toten zu Engeln werden?" entgegnete Karla kopfschüttelnd.

„Wenn ich auf meinen Lebensweg zurückblicke, kann ich Günther nur bestätigen: Ein Engel nahm mich bei der Hand", sagte Shimon Ben Marcus.

„Du, welche Vorstellung hast Du von Deinem Schutzengel?" Karla blickte auf den alten Mann.

„Daß mich eine beschützende Macht mein Leben lang begleitet, steht für mich außer Frage! Ein Bildnis oder eine Vorstellung von meinem Engel habe ich nicht. Ist es der Geist einer meiner Vorfahren, eine andere von unserem Schöpfer bestimmte Macht? Ich habe mir keine Gedanken darüber gemacht, denn ich versuche, nach den Zehn Geboten zu leben: Du sollst Dir kein Bildnis machen!"

„Für mich", erklärte Karla ruhig, „ist der Schutzengelglaube nur ein Ersatz für die frühkindliche Elternbeziehung. Menschen, die nicht erwachsen werden wollen, klammern sich an den Schutzengelglauben wie das Kind an das Bein seiner Mutter. Alle Religionen bestärken sie darin. Denn Religionen leben davon, die Menschen in Abhängigkeiten zu halten." Wenn Günther viele Abstürze mit seinem Flugzeug überlebt habe, dann habe er einfach Glück gehabt und es dem Zufall zu verdanken, daß er nicht tödlich verunglückte.

„Kann ich dem Zufall danken?" fragte Günther zurück. „Und woher kommt denn, was mir zufällt? Aus dem Nichts?"

Shimon ergänzte seine Worte, indem er von seiner abenteuerlichen Irrfahrt durch Europa und Südamerika erzählte. Sie begann im Jahre 1933, führte ihn nach Frankreich, England, Chile und Argentinien. Oft und unvermittelt sei er zu Entscheidungen gezwungen worden.

„Im Nachhinein gesehen, traf ich jedesmal die einzig richtige: reiner Zufall? Im Jahre 1951 kam ich mittellos und ohne jemanden zu kennen in Hamburg an. Eine Tür tat sich auf, ich wurde Sekretär des Argentinischen Konsuls. Wenig später machte ich eine Bekanntschaft einer jungen Frau, Jüdin wie ich; es entstand eine aufrichtige Freundschaft. Das Jahr 1953 fand mich wieder in Chile, das ich 1956 verließ, um endgültig in meine Heimat zurückzukehren. Ich kam mit 50 Mark in der Tasche am Hauptbahnhof an und wurde von der jungen Frau empfangen, die mir ihre Zuneigung und Freundschaft bewahrt hatte. Mit einundvierzig Jahren begann ein neues Leben. Es wäre vermessen von mir zu glauben, daß ich dies alles meiner Intelligenz und meinem Können zu verdanken habe. Gäbe es nicht die segnende Hand, die über meinem Leben ruht, hätte ich das Los meiner Millionen umgekommener Glaubensbrüder teilen müssen."

„Woher wollt Ihr wissen, daß es ein Engel war?" Karla ließ nicht locker.

„Ein Engel hinterläßt Spuren in Dir. Da, wo er Deine Lebenslinie durchbrochen hat, bleibt etwas zurück. Nenne es Dankbarkeit, Glaube, Heiterkeit oder das Wissen von der anderen Seite der Wirklichkeit." Rainer, ein Yogalehrer und Journalist, übernahm das Wort.

„Ja, und ich bin meinem Großvater dankbar", fügte Günther ein.

„Kann ich nicht einfach dem Leben dankbar sein? Muß man immer gleich Gott oder einen Engel ins Spiel bringen?" Karla sprach jetzt ruhig und ernst.

„Was ist Leben?" fragte Rainer.

„Die Natur. Bäume, Wasser, Tiere, andere Menschen." erwiderte sie.

„Wir müssen auch ihnen, unseren Mitgeschöpfen, dankbar sein. Aber ist nicht in jedem Gefühl der Dankbarkeit eine Ehrfurcht vor dem Leben, die unsere Seele weit über die Natur hinaushebt?"

„Nein, bei mir nicht. Ehrfurcht vor dem Leben ist für mich immer etwas Konkretes", sagte Karla, „zum Beispiel die Aktionen von Green Peace oder Robin Wood."

Seine Erfahrungen seien so konkret wie nur möglich gewesen, widersprach Günther. Karla setzte nach: „Wo waren denn die Schutzengel der Menschen, die den Flugzeugabsturz nicht überlebten?"

Wo warst Du, Engel? habe auch er sich oft gefragt, sagte Rainer. Das Wort „Schutzengel" sei so mißverständlich, daß man es nicht gebrauchen sollte.

„Da bin ich anderer Meinung", erwiderte ich. „*Was* schützt der Schutzengel? Über diese Frage müssen wir nachdenken!"

„Mein Leben!" sagte Günther.

„Wer bei einem Unfall stirbt, hat der keinen Schutzengel gehabt?" entgegnete Rainer.

„Du hast einen Körper, Verstand und eine Seele. Die wichtigste Aufgabe des Engels besteht darin, Dich vor dem Tod der Seele zu bewahren. Der Schutzengel schützt die Seele. Durch seinen Beistand wachsen ihr in Notzeiten Flügel. Der Glaube an Schutzengel bedeutet ja nicht, daß Dir nichts Schlimmes passieren kann, sondern daß Deine Seele in allen Schrecknissen den Blick zur anderen Seite der Wirklichkeit nicht verliert. Der Engel befreit Dich nicht aus dem Feuer, sondern er hilft Dir, seine Glut zu ertragen. In seinen Flammen reifen wir." Es war Else Strauß, die sich hier zum ersten Mal in das Gespräch einschaltete.

„Das ist genau die Opfermentalität, die ich nicht abkann!" schoß es aus Karla. „Wer seinen Kindern von Schutzengeln erzählt, muß sich nicht wundern, wenn sie zu Opferlämmern werden."

„Nein, ich spreche aus eigener Erfahrung und der Erfahrung vieler Menschen. Durch den Glauben fanden wir Trost. Am Grab ihres Großvaters Jizchak Rabin hat es Noa Ben-Artzi in bewegenden Worten gesagt: ‚Ich bitte die Engel im Himmel, daß sie dich gut beschützen, weil du es verdienst. Wir werden dich immer lieben, Großvater, immer!'"

Wir schwiegen eine Weile.

Dann sagte Karla: „Mit diesem extremen Beispiel kannst Du alles und nichts beweisen. Das ist fromme Betroffenheitsstrategie. Sie macht mich stumm, hilft mir nicht weiter."

„Warum kannst Du nicht annehmen, daß vielen Menschen, traurigen Menschen, todkranken Menschen, der Glaube an Engel geholfen hat, ihr Leid zu ertragen?" fragte Else.

„Weil der Schutzengelglaube eine religiöse Ideologie ist."

„Er ist unser jüdisches Erbe!" sagte Shimon.

Else wählte ein neues Beispiel. „Ich habe einen jungen Mann aus den neuen Bundesländern kennengelernt. Er ist ohne Glauben aufgewachsen. Niemand hat ihm je von Engeln erzählt. Eines Tages erfährt er von seinem Arzt, daß er das Aidsvirus in sich hat. Er ist schockiert. Seine Eltern wenden sich von ihm ab. Doch plötzlich steht der Engel neben ihnen. Er hatte ihn nicht gerufen, ja nicht einmal gekannt. Der unsichtbare Freund aber begleitete ihn unerkannt und wartete in Liebe auf den Moment, wo er gebraucht wurde."

„Und dann hat er mit der Kraft des Glaubens das Aids-Virus getötet! Mit solchen Geschichten kannst Du zur Zeltmission gehen!"

„Nein, der junge Mann starb nach einem halben Jahr", entgegnete Else ruhig. „Aber seine Seele wurde gerettet."

„Seine Seele hat sich selbst gerettet. Denn es ist doch wissenschaftlich bewiesen, daß der psychische Apparat in Streßsituationen bestimmte Hormone produziert, die beruhigend auf den Menschen wirken. Der Engel ist nur ein inneres Bild", so Karla.

„Und wie erklärst Du Dir, daß ich im Zustand der totalen Entspannung schon mehrfach meinen Schutzengel gesehen habe?" fragte Rainer.

„Wahrscheinlich sagt sie gleich, Du hast Dir das Blut aus dem Schädel meditiert! Unter Sauerstoffmangel produzierte Dein Gehirn das Bild Deines Schutzengels, damit Du wieder vernünftig wirst", lästerte Günther. Er jedenfalls lasse sich von einer jungen Psychologin die eigenen Erfahrungen nicht ausreden.

„Engel sind Urmuster der Seele." Karla ließ sich nicht provozieren. „Für die Wissenschaft ist es in keiner Weise verwunderlich, daß in Krisenzeiten die Menschen wieder anfangen, an Schutzengel zu glauben. Noch nie war die Arbeitslosigkeit so groß, noch nie waren Traditionen so sehr in Frage gestellt wie heute. Die Gewalt an Schulen und in den Familien nimmt zu. Da suchen die Menschen nach Orientierung."

„Deshalb müssen wir den Kindern in Familie, Kindergarten und Schule von den Schutzengeln erzählen", sagte Else.

„Der Schutzengelglaube deckt die wahren Ursachen unserer Probleme zu. Mit Schutzengeln kann man die Arbeitslosigkeit nicht beseitigen, den Krebs nicht heilen und das Ozonloch nicht stopfen. Schutzengelglaube ist Opium fürs Volk." Karla blieb bei ihrer Meinung.

Sabine kam in den Warteraum. Freundlich ermahnte sie uns, jetzt nicht sämtliche Streitpunkte auszutragen. Sonst hätten wir später im Studio keine Energie für ein lebendiges Gespräch.

„Ich bin hier, um vom Wirken der Engel in meinem Leben Zeugnis abzulegen", sagte Else. „Da macht es für mich keinen Unterschied, ob ich vor oder hinter der Bühne stehe."

„Richtig! Wir machen hier doch keine Showkämpfe vor laufenden Kameras", ergänzte Günther.

Sabine winkte ab. Sie habe lediglich eine Befürchtung äußern wollen. Dann bot sie uns frisches Obst und Schnittchen an.

„Glaubst Du im Ernst, Du könntest hier im Fernsehen missionieren und Menschen zum Schutzengelglauben bekehren?" Karla nahm den Gesprächsfaden wieder auf.

„Menschen bekehren ist allein Gottes Sache. Solcherlei Bemühungen waren mir immer suspekt. Man muß versuchen, die Menschen zu erfreuen, allein das ist unsere Aufgabe. Erfreuen und auf die Wahrheit hinweisen."

Rein psychologisch interessiere sie sich ja für Elses Erfahrungen, sagte Karla. Anhand biographischer Daten könne die Wissenschaft nachweisen, wie es zu einer Aktivierung des Engelglaubens aus dem Unbewußten komme.

Else begann zu erzählen. „In meinen ersten Erinnerungen sehe ich mich im Garten der Großmutter spielen. Ich habe mit Blumen und Vögeln gesprochen. Oft sprang ich mit ausgebreiteten Armen umher, als ob ich's den Vögeln gleichtun wollte."

„Oder den Engeln!" unterbrach Rainer. „Engel sind die lichten Vögel der Seele."

„Im Kindergottesdienst hörte ich gerne zu, auch der Mutter und Großmutter beim Erzählen biblischer Geschichten. Oft hüpfte und sprang ich vor Freude. Ich nahm alles sehr wörtlich in mein kleines Leben hinein. Wir Kinder wuchsen in wunderbarer Spielwelt unter der Fürsorge der Mutter auf. Doch wo Licht ist, da lauert auch der Schatten. Ich war der Liebling meines Vaters. Er trug mich umher, und ich saß gern auf seinem Schoß. Einmal kam das Fremde in mein Leben. Seine Hand glitt unters Kleid in den Schlüpfer. Die Berührung ließ mich erstarren. Das war nicht gut, was der Vater tat! Schnell machte ich mich frei. Aber – es war geschehen. Ich hatte das deutliche Empfinden, daß tief in mir etwas gerissen war."

„Das ist ja schrecklich!" Karla schien wie verwandelt und nahm Elses Hand. „Hast Du Deiner Mutter davon erzählt?"

„Wo denkst Du hin! Vor sechzig Jahren sprach man darüber nicht. In Zukunft wich ich ihm aus. Nie mehr ließ ich mich von ihm auf den Schoß ziehen, erfaßte auch nicht mehr seine Hand. Kritisch blickte ich auch auf meine Mutter."

„Welche Folgen hatte das Erlebnis für Deinen Schutzengelglauben?"

„Mein Kinderglaube war fest. Doch mit vierzehn Jahren kamen mir heftige Glaubenszweifel. Bei der Konfirmation 1941 sagte ich ein lautes: ‚Ja, so wahr mir Gott helfe!' Leise sprach es in mir: ‚Wenn Du so bist, Gott, wie

Du hier gepredigt wirst.' Mich beschäftigte die Suche nach Gott. Wo ist ein gerechter Gott, der das zuläßt? Gegen den Vorbehalt meiner Eltern, die uns Kindern nicht allen eine Ausbildung bezahlen konnten, besuchte ich die Nationalpolitische Lehrerinnen-Bildungsanstalt. Die Direktorin war Pastorentochter. Sie wollte ich nach Gott fragen. Als ich etwa zwei Meter vor ihrer Tür stand, geschah etwas Unerwartetes. Tief in mir zog es und auch von außen her – ohne, daß ich etwas sah – ganz machtvoll weg von der Tür. Schnell rannte ich die Treppe hinunter und aus dem Haus.

Nun plante ich, Gott allein im Wald zu suchen. Mein Verlangen war größer als die Angst, und so kletterte ich nachts über die hohe Pforte und ging die dunkle stille Straße entlang. ‚Gott, wo kann ich Dich finden? Es geschieht so viel, das ich nicht verstehen kann. Gib mir ein Zeichen, wo Du bist, wie Du bist und wer Du bist – wenn Du es willst, bitte!' So sprach ich leise vor mich hin. Doch es geschah nichts. Das Erlebnis vor der Tür hatte ich als Warnung und Hinweis verstanden, daß es Unsichtbares geben muß, für uns erfahrbar, ja sinnlich spürbar. Nach einer Weile kehrte ich um. Doch ich traute meinen Augen nicht! Mit einem Mal flimmerten und leuchteten Tausende von Glühwürmchen um mich herum."

„Eine Naturerscheinung!" unterbrach Günther.

„Oder ein Zeichen für Dich?" fragte Rainer.

„Beides! In tiefem Frieden schlief ich hernach in meinem Bett ein. Zu Niemandem sprach ich. Ich wurde an der Ausbildungsanstalt nicht glücklich und verließ sie. Meine Mutter machte es möglich, daß ich den Beruf der Kindergärtnerin in einem evangelischen Haus lernte. Es war meine Psychologielehrerin, die mir in meinen Anfechtungen weiterhalf."

Karla, die bis jetzt Elses Hand gehalten hatte, ließ sie los.

„Sie empfahl mir, unvoreingenommen das Matthäus-evangelium zu lesen. Ich bekam eine Hautkrankheit."

„Ein Zeichen, daß Deine Seele krank war!" sagte Karla.

„Lesend widerlegte ich dennoch gedanklich jeden Abschnitt. Da geschah erneut etwas Unvorhersehbares: In diese dunklen Gedankengänge trat eine lichte Gestalt, anders hell als Sonnenlicht oder elektrische Leuchter, von einer Leichtigkeit, die nicht von dieser Welt war. Sie war nicht groß und stand neben meinem Tisch. Ich erschrak – und doch lag etwas Vertrautes in der Erscheinung."

„Hast Du den Engel mit den inneren oder den äußeren Augen gesehen?" fragte Rainer.

"Die Lichtgestalt stand neben meinem Tisch. Damals meinte ich, es sei Jesus. Heute weiß ich, daß es ein Engel war."

„Hat er gesprochen?" fragte Rainer weiter.

„Ja, mit freundlicher und warmer Stimme: ‚Das ist wahr, was Du liest, das ist wahr.' Meine Haut gesundete sofort, meine Seele brauchte mehr Zeit. Einen Tag hatte ich ein beseligendes Gefühl, dann entstand wieder innere Leere. Regelmäßig nachts ging ich in ein leeres Zimmer und bat Gott auf Knien, mir nahe zu sein. Mich wähnend in einem schmalen Schacht, betete ich mich hinunter in Tiefe, zur Reinheit ging mein Verlangen, bis ich unten ein überirdisches Licht erblickte. Getröstet setzte ich meinen Schlaf fort."

„War das ein einmaliges Erlebnis?" erkundigte sich Karla.

"Noch einmal sah ich das Licht des Engels bei einem Ost-Ernte-Einsatz 1943 in Polen. Die Menschen schauten elend und hungrig aus. In mir betete es: ‚Gott, sage ihnen, daß Du das Unrecht nicht lange dulden wirst.' Ich wollte ihnen so gerne sagen, daß ich auf ihrer Seite bin. Sie hatten Angst, und ich hatte Angst. Da wurde es hell um mich, und ein stark fühlbarer Schutz umgab mich, der auch in den folgenden sechs Wochen auf dem Lande bei mir blieb. Wieder zurück in der Schule häuften sich die Luftangriffe. Der enge, sauerstoffarme Keller war mir verhaßt. Ich wollte nicht um mein Leben rennen, weil Gott mich überall erreichen konnte, wenn er mich zu sich holen wollte. Also saß ich draußen auf der Bank. Oftmals gab es herrliche Sternen- und Mondnächte, die in makabrem Gegensatz zu Bomben und Feuersbrunst standen. Aber ich will Euch hier nicht mit meinen Erfahrungen langweilen."

Karla war die erste, die protestierte und Else aufforderte, weiter zu erzählen.

„Nach dem Krieg betreute ich Flüchtlingskinder. Auch hatten wir ausgebombte Verwandte aufgenommen. Mein Onkel machte sich an mich heran. Die reife Männlichkeit wirkte auf mich abstoßend. Doch Formeln, kleine Berührungen machten mich wehrlos. Warum kam ich nicht gegen ihn an? Man kämpfte damals sehr um die nackte Existenz. Alles Bitten und Flehen meinerseits, mich in Ruhe zu lassen, meinte er mit ‚seiner großen Liebe' zu rechtfertigen. Er hatte nur einmal die Gelegenheit zu kurzem Beischlaf. Ich erkrankte an seelisch bedingter Gelbsucht. Ein Nervenzusammenbruch folgte, aber aus Scham und Angst konnte ich nicht darüber sprechen. Es wurde nicht offen debattiert, wie das heute üblich ist. Mir half auch keiner, das Gewesene zu verarbeiten. Ich stürzte mich in Abenteuer mit Gleichaltrigen, ohne sie heiraten zu wollen. Sie meinten: Du bist so anders, wie ein Engel! Meine Seele suchte Vergessen, was sie nicht fand.

In einem Flüchtlingslager kümmerte ich mich besonders um die Randgruppen, Menschen, die nicht mehr Fuß fassen konnten in der Gesellschaft. Einer von ihnen, der Bandenchef, verfolgte mich auf Schritt und Tritt, wartete viele Stunden auf mich, wo ich auch immer war. Ich erwartete ein Kind. Es war Verliebtheit, aber keine Liebe, darum lehnte ich eine Heirat ab. Der Vater des Kindes schleppte mich in den nahen Wald. Er hatte ein langes Messer. Als ich ihm die Unsinnigkeit seines Vorhabens vorhielt, schlug er mir heftig ins Gesicht.

,Du wirst sterben!' rief er.

Ich sagte: ,Ich weiß dann nichts mehr, aber was wird aus Dir? Du sitzt lebenslang im Gefängnis.'

In mir betete ich unablässig.

Als ich in meiner Not auf die Knie ging, schrie er: ,Warum tust Du das jetzt!' Ein überirdisches Licht kam durch die Bäume auf uns zu. Er sackte in sich zusammen und stöhnte laut. Die Gefahr war vorüber. Das Kind wurde später als Steißgeburt mit gespaltenem Zäpfchen geboren. Nun begann mein eigentliches Gethsemane: Das Kind litt, weil ich gefehlt."

„Und dennoch verlorst Du den Schutzengelglauben nicht?" fragte Karla. „Hast Du Dich nie gefragt, warum das Schicksal gerade Dir diese Schläge verpaßt hat?"

„Das Schicksal hat keinen Namen, keinen Willen und keine Gestalt. Deshalb kann ich mit dem Schicksal nicht hadern. Es ist blind. Gott hat mich durch manches dunkle Tal geführt. Oft habe ich mich gefragt, warum er dies tat."

„Hast Du Deine Peiniger später zur Rede gestellt?"

„Viel später wurde mir klar, daß nicht nur die unfreiwillig Verführten leiden, sondern auch die Täter. Wer weiß, wodurch sie zu Tätern wurden? Oft handelt es sich um Ketten, durch Generationen gehend, die von dem dunklen Engel heimgesucht werden."

„Das karmische Schicksal", sagte Rainer.

„Die Sünden der Väter haften an uns bis ins siebte Glied", ergänzte Else. „Aber Gott erbarmt sich auch unser. Mein Kind starb, als es zwei Jahre alt war. Dann lebte ich Jahrzehnte lang ganz für meine behinderte Schwester. Herzasthma verursachte ihr große Atemnot. Sie konnte nicht liegen, saß bis zum Morgengrauen auf, um dann für kurze Zeit auf fünf Kopfkissen einzuschlafen. Manchmal legte ich mich zwischendurch hin. Zwei Tage vor ihrem Tod bekam sie einen heftigen Anfall. Sie streichelnd und tröstend erlebte ich, wie sie wieder zu sich kam. Sie stieß heraus: ,Lieber Gott, danke, danke lieber Gott!' Zu mir: ,Danke, Du bist meine liebste Schwester.' Es war im Augenblick ihrer Not ein starkes Ewigkeitsomen im Raum.

Am nächsten Tag hielt ich sie auf der Couch im Arm und fürchtete eine erneute lange Nacht. Sie sagte wieder zärtliche und liebe Worte. Durchs offene Fenster sprach ich betend zu Gott. Ein schmales Engelwesen – meine verstorbene Tochter – kam rasch und sagte: ,Es ist soweit.' Eine Stunde später reibt meine Schwester ihren Kopf an meiner Schulter und geht von mir."

„Du glaubst, daß die Toten zu Schutzengeln werden?" fragte Rainer bewegt.

„Als mein Mann im Sterben lag, sah ich durch das große Fenster der Intensivstation einen riesigen Engel auf uns zustreben. Und noch etwas Wunderbares durfte ich in seinen letzten Lebenstagen erleben: Zuhause hing ein Stroh-Weihnachtsengel unter der Lampe. Ich saß allein im Dunklen. Da bemerkte ich eine Bewegung. Das Straßenlicht warf den Schatten des Engels neben mich an die Wand. Er bewegte sich heftig hin und her. Es ging von dem Engelschatten etwas aus, als ob er spreche. ,Willst Du mir etwas sagen?' fragte ich. Später sah ich, daß der Strohengel mit der Seite zu mir unter der Lampe hing und sich auch nicht drehen ließ. Es war kein Luftzug im Raum. Am nächsten Morgen um fünf Uhr teilte mir das Krankenhaus mit, daß mein Mann an Kreislaufversagen gestorben war. Seit seinem Tod kommt er oft zu mir, besonders morgens von der östlichen Seite meiner Wohnung winkt er mir glücklich aus den Wolken zu. Auch meine Schwester besucht mich oft."

„Und Dein Vater?"

„Einmal, zusammen mit meiner Mutter, kam auch er zögernd."

Auch er habe ein merkwürdiges Erlebnis gehabt, sagte Rainer. Seitdem glaube er, daß Menschen nach ihrem Tod zu Engeln werden. „Ich habe in meinem Leben viele Frauen kennengelernt, doch keine so geliebt wie meine erste Liebe. Leider trennte sie sich von mir. Über zwanzig Jahre lang hatte ich meine Jugendliebe nicht mehr gesehen, da traf ich sie überraschend wieder. Wir verbrachten einen wunderbaren Nachmittag zusammen. Einige Tage später erzählte ich einem gemeinsamen Bekannten von dem unverhofftem Wiedersehen. Er blickte mich erstaunt an: ‚Du kannst sie gar nicht gesehen haben.'

‚Wieso nicht?'

‚Weißt Du denn nicht, daß sie vor drei Jahren gestorben ist?'

Das gab mir einen Stich ins Herz.

‚Das ist unmöglich!' rief ich. ‚Ich habe doch mit ihr gesprochen!'

Ich ging der Sache nach. Tatsächlich war sie bei einem Unfall ums Leben gekommen. Aber der Tod hatte sie in einen Engel verwandelt."

Sabine unterbrach das Gespräch. Die Sendung werde gleich beginnen. Wir sollten uns ins Studio begeben. Alle erhoben sich. Nur Karla blieb sitzen. Auch Sabines gutes Zureden vermochte ihren Entschluß nicht zu ändern.

## Ein Engelleben

Von Köln aus fuhr ich nach Neubiberg. Hier im Ober-
bayerischen wohnt Gerlinde Krauß, eine Künstlerin und
Freundin der Engel. Sie wußte wunderbare Engelgeschichten zu erzählen. Und ich kam, um einige von
ihnen aufzuzeichnen. In ihrem letzten Brief hatte Gerlinde geschrieben:

> „Ein Kreis.
> Wer in die Mitte tritt,
> kann nicht anders:
> Er sagt von selbst
> die Wahrheit über sich.
>
> Ich ging in die Mitte
> und sagte:
> Ich bin als Mensch geliehen.
> Ich bin in Wirklichkeit ein Engel.
> Ganz aus der Nähe Gottes."

Nun saß ich ihr im Pfarrhaus gegenüber, wo sie mit drei
Flüchtlingsfamilien aus Bosnien wohnte. Ihre eigene
kleine Wohnung hatte sie einer vierten Familie zur Verfü-
gung gestellt. Das Auffälligste an ihrem Zimmer war der
Vogelbaum aus Birken-, Rosen- und Tannenzweigen. An
ihm hingen wohl zwanzig kleine Körbchen. Die meisten
waren aus Weidenzweigen geflochten. Zwischen ihnen
hingen leere Plastikschalen, wie sie zum Verkauf von Erd-
beeren verwendet werden. Der Boden war mit Heu ge-
polstert. Gut vierzig Zebrafinken hatten hier ein Asyl
gefunden. Das einzige Buch, das ich hier entdecken

konnte, war eine Abhandlung über den Kirchenvater Origenes.

„Wie weit kannst Du Dich zurückerinnern?" fragte ich Gerlinde. „Was ist Deine früheste Engelerfahrung?"

„Als ich etwa vier Monate alt war, stand meine Mutter mit mir im Kinderwagen an der Kreuzung auf dem Trottoir. Da fuhren zwei Autos zusammen, ein Personenwagen und ein Militärauto, welches umkippte. Mit einem Schrei stieß meine Mutter den Kinderwagen mit mir aus der Gefahrenzone: Da war ein Schutzengel hilfreich anwesend!"

„Wie?"

„Ich erlebte Licht, Rettung, Mutterliebe und Geheimnis als Einheit. Ich sah ein weißes Licht, mir gegenüber. Das Licht kennt mich."

„Du warst erst vier Monate alt, sagst Du. Bist Du sicher, daß es Deine eigene Erinnerung war?"

„Meine Familie erzählte mir von diesem Unglück, als ich ein Schulkind war. Das Licht aber habe ich schon lange vor ihrer Erzählung öfters in meiner Seele gesehen. Meine Mutter wurde von der Anhängerkupplung des Militärautos in der Leiste, am Bauch, erfaßt, schwerstverletzt und flog durch die Luft auf die Straße. Sie lag einen Monat im Krankenhaus in der Sterbekammer. Mein Papa ließ jeden Tag eine Heilige Messe lesen, meine Mutter genas erst nach einem Jahr."

„Kannst Du Dich an weitere Schutzengelerlebnisse aus Deiner Kindheit erinnern?"

„Ja. Als ich mit meiner Oma gegen Mittag beim Brennnesselpflücken für Spinat war, da kamen Tiefflieger. Es war Frühjahr 1945, ich war vier Jahre alt. Meine Oma warf sich mit mir in die Brennnesseln unter die Fichten der Schonung, und die Brennnesseln haben uns nicht gebrannt. Die Flieger zogen über uns hinweg, und alle beschossen 500 Meter südlich das Gleis und den Zug. Oma sagte:

‚Wir haben einen Schutzengel gehabt.' Und ich glaube, es war der Schutzengel der Brennesseln."

Ich war amüsiert. Gerlinde hatte eine Ausbildung als Kindergärtnerin gemacht. Aus Kindertagen gab sie weitere Erinnerungen preis.

„Nach Kriegsende erlebte ich eine große Prozession. Wir standen am Straßenrand. Mutter sagte zu mir: ‚Schau, da kommt der liebe Gott, schau!' Es schwebte ein goldener Baldachin heran, nach oben konnte ich sehen, geradeaus sah ich wegen der Leute nichts, sah also keine Monstranz mit Allerheiligstem. Nach unten konnte ich auch durchblicken. Ich sah den Saum goldener Gewänder und darunter feste schwarze Schuhe, schreitend. Mutti sagte: ‚Jetzt ist der liebe Gott da, schau.'

Voller Andacht war meine Mutter. Und ich voller Glaube, daß ich die Füße vom lieben Gott gesehen hatte. Und ich bin so glücklich, daß er so fest und sicher über die Erde schreitet und mitten unter uns herumgeht und bei uns wohnt. Da war der Engel des Glücks bei mir!

Einmal, nur einmal, kam ein Nikolaus zu mir. Der Krieg war aus. Ich war ehrfürchtig, daß der heilige Mann zu mir kommt. So ein Wunder. Er war schön. Er sagte, ich möge ihm ein Lied singen. Ich sang: ‚Die Fahne hoch, die Reihen fest geschlossen, SA marschiert im festen Tritt ...' Dann lobte er mich und schenkte mir ein kleines gefülltes Säckchen, und dann – ich konnte es gar nicht fassen – setzte sich der heilige Nikolaus an unseren Tisch, hatte nur noch Augen für meine Mutti und gab ihr ein Bussi! Ich staunte und staunte. Und der Engel des Staunes legte ein wunderbares Wissen in mein Herz: Meine Mutter ist so schön und liebreich, daß selbst Heilige, die geradewegs aus dem Himmel kommen, von ihr begeistert sind und sich setzen und bleiben, statt herumzuziehen, um alle Nikolausbesuche bei allen Kindern zu machen. Als ich ins Bett gebracht wurde, war er immer noch da bei uns."

Gerlinde wuchs ohne Vater auf. Dennoch waren ihre Engel so fröhlich wie die Zebrafinken auf dem Vogelbaum in ihrem Zimmer. Sie wußte aber auch von dunklen Erfahrungen zu sprechen, dem Engel des Schmerzes.

„Ich war begeistert von unserer Religion; wollte Gott lieben; lernte, daß der Herr gute Taten mag; wollte eine gute Tat tun. Etwa zehn Jahre war ich da. Arme zu beschenken, sagte der Religionskaplan oft, sei eine sehr gute Tat. Ich sammelte meine Schätze: Bonbons, Schokolade, Kekse, zwei Ecken Schmelzkäse und machte damit ein kleines Päckchen. Ging und schaute, wer arm sei. Da kam ein alter Mann. Er schaute arm aus.

Ich grüßte ihn und sagte, mein Päckchen hinhaltend: ‚Bitte, darf ich Ihnen das schenken?‘

Er sagte: ‚Wenn'st di net glei schleichst, kriagst a Watschn.‘

Der Engel des Schmerzes hielt mein wehes Herz, es brannte; jedoch ging nichts kaputt an mir. Meine kleinen Gaben habe ich tags darauf selber gegessen."

Die einschneidendsten Erfahrungen verbinde sie mit dem Engel der Barmherzigkeit. „Ich war neununddreißig Jahre alt. Als der Vater meiner Freundinnen schwer erkrankt war (kein Professor wußte woran: er hatte Atemnotanfälle und magerte ab), kam eines Abends seine Frau zu mir, bittend: Ich möge Nachtwache bei ihm halten, er möchte einzig mich. Ich ging hin. Er bat, daß ich mich – natürlich in Kleidern – neben ihn lege. Gut. Da lag ich nun, der Mond schien herein, es war wieder Sommer."

„Fandest Du nicht, daß dies ein höchst merkwürdiger Wunsch des alten Mannes war?" fragte ich etwas befremdet.

„Fünfundzwanzig Jahre vorher, als ich vierzehn Jahre alt war, hatte er mich beinahe vergewaltigt. Ich war vor Schreck starr gewesen, rechtzeitig kam jemand ans Haus, klingelte, er ließ mich raus, ich floh."

„Du hast den Kerl hoffentlich sofort angezeigt?!"

„Ich sagte es dem Kaplan, der sagte es der Polizei, meine Mutter erfuhr es, alle fragten mich so viel, tot vor Scham wollte ich sein. Seine Familie wäre ruiniert gewesen, er war Jurist. Also zog meine Mutter die Anzeige zurück. Ich gab beim Verhör nur zu, daß er mich geküßt hat, ich wollte ihn schonen und ging trotz Leid weiter in sein Haus, damit meine Freundinnen nichts Böses von ihrem geliebten Vater ahnen sollten. Es gelang, ein guter Ausgang."

„Für wen?"

„Ich erlebte damals sehr innig Gottes Liebe zu mir; mein Entsetzen, daß Gott mich vielleicht nicht mehr mag, weil ich ‚berührt' war, heilte der Herr selbst. In Latein und Englisch konnte ich mir kaum noch was merken: Ich blieb sitzen."

„Wieso bist Du fünfundzwanzig Jahre später an sein Totenbett gegangen?"

„Ja, da lag ich nun. Betend. Er sprach von Gott. Ich sagte lauter Gutes. Der Engel der Barmherzigkeit war mit uns. Am Morgen ging es dem Vater meiner Freundinnen viel besser. Doch kaum war ich gegangen, ist er gestorben."

Noch einmal habe ihr der Engel der Barmherzigkeit geholfen. „Ich war sehr schön. Jedoch sehr zurückhaltend zu Burschen, Männern. Da traute ich, zwanzig Jahre alt, einem Jugendleiter. Auf einem Spaziergang in den Wald nahm er mich mit. Als ich wieder aufstehen konnte, stolperte ich weg. Umschauend sah ich, daß dieser Mann, der mich vergewaltigt hatte, da lag wie ein Toter. Ich ging zu ihm."

„Und?"

„Ich dachte, er stirbt, und ganz von selbst bat ich Gott für sein Leben. Da begann er zu zittern. Er war bleich wie eine Leiche. Dann sagte er: ‚Du wirst mich nun Dein

Leben lang hassen, ich kann nie mehr gut machen, was ich getan habe.' Ich sagte: ‚Ich hasse Dich nicht, ich hasse niemand.' Dann sagte er: ‚Ich müßte Dich nun heiraten, aber ich bin schon acht Jahre Priester. Ich weiß nicht mehr, wie ich noch leben soll.'

Nie hätte ich ihn geheiratet, sagte aber, er habe wohl nur aus übergroßer Leidenschaft und Liebe so gehandelt, er sei schon ein guter Mensch. Er war verzweifelt. Ich sah nur einen Weg der Hilfe: Zuwendung – nicht Abkehr. Also war ich zwei Monate lang, etwa fünf Mal seine ‚Geliebte'. Ich betete immer, daß ich es aushalte. Es war nur Schmerz. Damit er wieder sich liebe und Priester blieb, erfüllte ich ihm all seine Wünsche. Und dachte, wie seltsam ein Eheleben wohl sei, mit all diesen Betätigungen."

„Hast Du denn nicht gemerkt, daß er Deine Gutmütigkeit brutal ausnutzt?"

„Später, über zehn Jahre später, als ich durch Gespräche mehr wußte über Sex, sah ich, daß ich mit dieser meiner Wunscherfüllungs-Ausbildung durch den Jugendpriester sehr wohl eine Karriere im Bordell hätte machen können. Der Engel der Barmherzigkeit hat mich gut hindurchgerettet. Dieser Priester wird nun siebzig Jahre alt. Der Friede sei mit ihm."

„Du wohnst in einem Pfarrhaus. Hast Du nie mit der katholischen Kirche gehadert?"

„Unsere Heilig-Römisch-Katholische Kirche hatte Aktien im Waffengeschäft – das zeigte mir ein Bekannter im Weißbuch", antwortete Gerlinde. „DM 17,40 Kirchensteuer hätte ich zahlen sollen. Da kam der Engel des Zorns. An den Waffengeschäften wollte ich nicht beteiligt sein. Das erklärte ich dem Pfarrer und daß ich deswegen – weil es hierzulande die einzige Möglichkeit, die Kirchensteuer zu verweigern, ist – aus der Kirche austrete. Der Pfarrer versteht es, dachte ich.

Als ich bei der Heiligen Messe zur Kommunion bereitstand, ging er an mir vorbei. Ich dachte: ‚So was, er hat mich übersehen.' Und blieb -wartend auf die Heilige Kommunion – beim Altar vorne stehen. Fünf Mal ging er vorbei, gab mir kein heiliges Brot. Ganz allein stand ich noch da, dann ging ich zurück. Und nach Ende der Feier betrat ich die Sakristei.

Sofort sagte der Pfarrer: ‚Wie können Sie es wagen, zur Heiligen Kommunion kommen zu wollen! Sie stehen unter Kirchenstrafe, Sie sind ja aus der Kirche ausgetreten. Sie haben kein Recht mehr auf Empfang der Heiligen Sakramente!'

Ruhig erklärte ich ihm: ‚Ich habe Ihnen doch den Grund gesagt: Die Waffenaktion der Kirche. Warum bin ich von den Sakramenten ausgeschlossen? Ich liebe Gott.'

Er wurde nachdenklich und bot ein erneutes Gespräch an, er wollte mich besuchen. Er kam. Und sagte: ‚Ja, wie Sie leben, ist das alles, was Sie haben? Sie sind ja wie der Heilige Franziskus. Ich glaube Ihre Begründung, ich werde für Sie eine Sonderregelung beim Bischof erwirken.'

‚Schauen Sie,' sagte ich, ‚es gibt gewiß auch Christen mit Haus und Auto, die möchten auch nicht den Waffenhandel der Kirche fördern, und ich, ich lebe nicht aus Verzicht so einfach, es ist mein Stil, ich bin glücklich, einfach zu leben, ich will keine Sonderregelung!'

Ab da ging ich vier Jahre nicht mehr zu den Heiligen Sakramenten: Kirchen-Strafe. Ab da ist der Engel der Zornes mir nah: Ich wünsche unserer Heilig-Römisch-Katholischen Kirche innigst soviel Vermögen, daß die Bauten erhalten und alle Kirchen-Diener bezahlt werden können – jedoch nicht mehr. Mit zornigem Schmerz schaue ich mit dem Engel des Zornes auf die Kirchen-Aktien in der Chemie-Industrie und das Verhalten der Kirche zu Tierversuchen."

Die Zebrafinken hatten sich zu einem Rundflug durch das Zimmer erhoben. Kleine Vögel der Seele. Gerlindes Mutter hatte ihrer Tochter Geschichten von hilfreichen Vögeln erzählt. Daß Menschen Schutzengel haben, ist auch in der katholischen Welt alte Tradition. Gerlinde aber sprach auch von den Schutzengeln der Tiere, der Pflanzen, ja, der Steine. Besonders in Italien, wo sie Anfang der siebziger Jahre für einige Zeit gelebt hatte, seien ihr die Engel der Tiere begegnet. Wenn es mir Freude bereite, werde sie gerne von ihnen erzählen.

„Ich war einunddreißig Jahre alt. Der Berg Soracte schimmerte hellblau herüber, die Vögel sangen. Ich bückte mich zu einer kleinen Blume. Da war eine kleine ‚Eidechse‘ im Gras. Sie huschte nicht weg, wie sie sonst entfliehen. Oh, diese werde ich streicheln! Sie schaute mich an, den Kopf aufgerichtet. Ein paar Zentimeter, bevor ich sie streichelnd berühren wollte, konnte ich meinen Arm, meine Hand, nicht mehr bewegen. Eine Kraft, die vom Tier kam, hielt mich fest, hielt mich zurück.

Meine Seele war berührt mit großem Frieden und großer Aufmerksamkeit. Ein Engel des Herrn war da: Da bin ich stets sehr wach und sehr friedvoll. – Ja, und da erst sah ich, daß die ‚Eidechse‘ keine Füße hatte, es war eine Viper, eine sehr giftige. Ich weiß, ihr Schutzengel hielt mich zurück, denn er wußte, daß seine Schlange mich mißverstanden und gebissen hätte. Wir sahen uns noch eine Weile an – Schlangen werden alt. Vielleicht lebt sie noch. Ich wüsche ihr das Gute!"

Es war in Rom. Ein Auto hatte eine kleine, junge schwarze Katze erfaßt. „Ich hob sie auf und trug sie auf den Gehsteig. Die kleine Katze blutete nicht, sie war querschnittsgelähmt. Sie wollte aufstehen. Ich hatte sie auf den Boden gelegt, damit sie flach liege und kniete bei ihr. Sie robbte sich ganz nah zu mir heran. Ich streichelte sie vorsichtig. Sie sagte gar nichts. Keinen Ton. Wir schauten uns in die Augen. Und die kleine Katze weinte zwei Tränen und starb. Ich weinte. Und da war ein Engel des Herrn mit uns, da war einer gegenwärtig, dem unsere Tränen kostbar waren, und ein himmlischer Friede strömte in mir.

Nach den Sterbegebeten und dem Abschied ihrer Seele – sie war dann steifer, ihr Fell war tot, stumpf – suchte ich im Straßenpapierkorb nach Zeitungen. Darauf habe ich das Kätzchen zur Grabruhe gebettet, in eine Mauernische. Es war weit und breit keine Erde zum Eingraben."

Römische Augenblicke aus Ewigkeit. Momente der angehaltenen Zeit. Waren Gerlindes Engel nicht alle Geschöpf des Augenblicks, wie nur Künstler sie ins Wort bannen können? Kinder und Künstler kennen die Zauberworte, mit denen sich auch heute noch die Türen zur anderen Welt öffnen lassen. Eine Magie der Sprache, das „Heile, heile, Gänschen, wird alles wieder gut!" aus Kindertagen. Da verschwimmen die Grenzen zwischen Poesie und dem, was der Leibmensch unter Wahrheit und Wirklichkeit versteht. Das Wirkliche war so phantastisch, wie das Phantastische wirklich war.

> „Regen-Engel:
> Ich hatte noch weit.
> Und keinen Schirm.
> Regenwolken zogen auf.
> Der Bus kam so lang nicht.
> Dafür der Regen.
> ‚Bitte, Regen, bleib noch droben,
> bitte, guter Regen, bitte!'
> Der Regen-Engel war mir freundlich.
> Rings um mich begann es zu regnen.
> Wo ich stand, blieb es trocken.
> Bis mein Bus kam."

„Du bist ein Seelenmensch", sagte ich. „Aber es gibt Menschen, die haben keine Engelerfahrung. Wie würdest Du einem Leibmenschen erklären, was ein Engel ist?"

„Ich würde ihnen vom Vogel-Engel erzählen: Plötzlich wußte ich und lief schon zu ihm: ‚Der Muggi-Kanari stirbt.' Ich nahm ihn aus seinem Vogelhaus und legte ihn Mutti in die Hand. Er schaute noch zu ihr und war tot. Tränen, viele. Gebete. Und plötzlich am zweiten Tag – wir hatten ihn noch aufgebahrt in Blumen – sagte ich mit der inneren Stimme ganz von selbst zu Muggi: ‚*Danke, daß Du auf der Welt warst.*'

Und da war ein Durchblick: Seither kann ich ihn innen sehen, nah, und er ist glücklich und mir sehr zugetan.

Jetzt sage ich zu allen verstorbenen Tieren und Pflanzen, die mir bewußt werden, die ich begrabe oder sehe: ‚*Danke, daß Du auf der Welt warst.*' Alle freuen sich.

Da hat mir der Vogel-Engel was sehr Gutes ins Herz gesagt. Treu will ich sein im Danken."

„Du meinst, der Dank ist die Sprache des Engels? Wenn ein Mensch ‚Danke!' sagt, spricht der Engel in ihm?"

„Engel sind die Dankbarkeit in uns, die Freude und die Barmherzigkeit, das Beten und die Hoffnung, das Träumen und die Liebe!"

Sie drehte sich um und wies mit der Hand nach draußen.

„Drüben, überm S-Bahngleis wurzelte ein hoher, etwa siebzig Jahre alter Fichtenbaum, krank: Borkenkäfer. Betend umarmte ich ihn oft. Heilung hoffend. Jetzt streichle ich die Schnittfläche über seinem Wurzelstock. Abgeschlagen, zersägt, schon ist er wegtransportiert. Der Engel der Ohnmacht steht, wo der Baum stand. Verloren. Ja.

Und doch: nicht verloren! Auf Erden verloren. Der Himmel lebt und ist schwanger mit einer neuen Erde.

Baum, Du lebst. Mein Engel, Du lächelst trotz Tränen."

Ich sagte Gerlinde, ihre Engelgeschichten erinnerten mich an die Legenden, die sich um den Heiligen Franz von Assisi ranken. Abwehrend hob sie die Hände. Sie hoffe nicht, daß ich sie in die Heiligkeit hinausweisen wolle. Auf meine Nachfrage erzählte sie von der Begegnung mit einem alten, sehr gelehrten Mönch. Auch ihm habe sie einmal vor Jahren viel erzählt.

„Ich dachte: er freut sich. Und war glücklich, daß ich erzählen konnte und das Erzählte auch ihm kostbar war, dachte ich. Gerade als ich einen wundervollen Traum von Gott ihm sagen wollte, sagte er: ‚Frau Krauß, entweder Sie sind heilig, oder Sie sind verrückt, denn ich habe solche Träume nicht.'

Schmerz überspielend, habe ich lächelnd geantwortet: Bei der Alternative sei ich lieber verrückt, denn bei heilig sei man so allein."

Sie habe versucht, vom Thema abzulenken, doch der Geistliche wiederholte seine Frage: „Ich will es jetzt wissen, sind Sie heilig – Sie leben wie eine Heilige – oder sind Sie verrückt?"

„Ich kann mir vorstellen, daß der Mönch Deine Erzählungen begeistert aufgenommen hätte, wenn Du sie als Kunstwerke ausgegeben hättest, als Produkte der dichterischen Phantasie. Einer Künstlerin gesteht alle Welt zu, daß sie nachts von Engeln träumt und Baumstämme streichelt."

„Du meinst, Künstler und Heilige gelten immer als ein wenig verrückt. Der eine sagt: ‚Die hat's mit den Engeln.' Erstaunt fragt der andere: ‚Was mit Engeln?' – ‚Ja, Sie ist eine Künstlerin.' – ‚Ach so.' Und schon ist er beruhigt. Mit dieser Einstellung trennt man das Heilige und die Kunst vom Leben. Kunst aber ist Offenbarung."

„Gewiß. Ohne die Künstler, die Dichter, Maler und Sänger hätten die Priester keine Sprache für die andere Seite der Wirklichkeit. Die Frage des Mönches ist dennoch wichtig, weil sie uns zur Unterscheidung zwischen Wahn und Wirklichkeit auffordert. Auch im Bereich der Kunst gibt es Genies und Spinner, die sich für Genies halten."

„Wie würdest Du zwischen wahrer und unwahrer Engelerscheinung unterscheiden?"

„Ich denke, wir sind hier einer Meinung: Gleichgültig, wie der Engel sich Dir zeigt: Die Engelerscheinung ist wahr, wenn sie Dich wahrhaftig werden läßt. Wenn sie Dir Liebe, Hoffnung, Glaube und Freude am Gespräch mit Gott schenkt."

# Viertes Engelritual:

# Mit Engeln beten

*B*eten – was ist das? Vielleicht ist es für Dich ein alter Brauch aus Kindheitstagen, den Du abgelegt hast, weil er schal geworden ist. Vielleicht hast Du es nie gelernt. Vielleicht aber betest Du jeden Tag, ohne es zu wissen. „Wir suchen etwas, das uns schon gefunden hat", sagt Jim Morrison. Beten heißt Antwort geben, dem, der Dich gefunden hat.

Beten ist ein Funkspruch, eine Melodie, Spuren im Sand, ein Traum, der zum Himmel steigt und die Gewißheit: Da hört einer zu, der Dich besser kennt als Du selbst.

Beten kannst Du mit Worten, besser noch im Schweigen. Die Stille reicht tiefer hinab und höher hinauf, als Worte es vermögen.

Du hast gelernt, Dich in der sichtbaren Welt zu behaupten. Das ist überlebenswichtig. Kannst Du aber auch Dinge geschehen lassen? Einfach sitzen und ruhig atmen, eine Melodie wirken lassen? Beten heißt das Leben hingeben. Dem Engel die Hand reichen. Ihm, der Dich schon vor Deiner Geburt gefunden hat.

Träumen, Küssen, Atmen, Tanzen und Lieben: Es sind Gebete der angehaltenen Zeit, die mir Gerlinde für Dich mit auf den Weg gegeben hat.

*Träumen*

Regentropfen,
und noch weiter oben,
und über den Wolken,
da träumt ein Engel
und ist ganz wach dabei.


*Küssen*

Der Fels hat mich umarmt.
Fest, ruhig, stark, sicher und ein bißchen zeitlos
schwingt er mich an,
und ich lege mich in seine Schwingen.
Dann hat er mir ein handgroßes Steinstück von sich
    gezeigt
und mein Herz wissen lassen,
daß ich dieses Teil von ihm mitnehmen darf,
und wenn ich es küsse,
dann küßt mich ein Engel,
der Engel des Felsens.
Der hebt mich dann hinauf
und zeigt mir die Schönheit des Berges
und ringsum und wir wissen:
Der Herr ist schön
und wir preisen den Herrn im Schauen.


*Atmen*

„Schnauf aus,
alles,
und jetzt schnauf ein,
jetzt bin ich in Dir!

Ich kenne alle Wesen,
die atmen und geatmet haben,
jetzt bin ich mit Dir,
beten wir!"
sagt der Luft-Engel.


*Tanzen*

Meine Zebrafinken fliegen wie ein Adler,
fliegen wie eine Fliege –
ich kann nicht fliegen.
Tanzen kann ich,
tanzen mag ich,
tanzen für Dich mein Gott.

Bitte, mein Engel tanze mit mir!

Der Engel tanzt mit mir über das Moos.
Paß auf, die Bäume!
Für mich sind sie Grenze.
Oder tanzen sie mit?
Wir tanzen, schwingen rundherum und hinüber,
wieder rüber und da kommt ein Hund –
gleich kommt sein Mensch spaziert,
also Pause.

Engel, Danke!
Dank!


*Lieben*

„Lieber Gott, lieber Gott,
Du weißt, ich liebe Dich.
Gott, magst Du mich für etwas brauchen, Gott, bitte!"

„Ich brauche Dich nicht", sagt Gott.
„Für ein bißchen was brauchen,
hier auf der Welt, lieber Gott, bitte."
„Ich brauche Dich nicht",
sagt Gott,
„ich liebe Dich."
Und bei mir ist der Engel,
der einfach da ist.

## Ein zweiter Brief von Angela

„Hörst Du mir noch zu? Bitte! Du kennst nicht meine Telephonnummer, Du kennst meine Adresse nicht, Du kennst nicht einmal meinen richtigen Namen. Aber Du hilfst mir, wenn Du mir zuhörst. Bitte! Ich will Dir von einer Reise erzählen. Drei Monate dauerte sie. Ich kündigte meinen Arbeitsvertrag. Gab einem inneren Drängen nach und wollte lernen, klarer mit Gott zu kommunizieren und mich führen zu lassen. Das erste Mal war ich nach sechzehn Jahren ohne feste Anstellung und bereit für ein Abenteuer. Von diesem Experiment konnte ich leider niemandem richtig erzählen, dafür fehlte mir der Mut.

Auf dieser Reise hatte ich Visionen. Einmal sah ich einen Engel mit Wanderstab, und dieser Engel war ich! Ich sollte die Menschen von Gottes Existenz und seiner Hilfe überzeugen. Ich sah mich frei von persönlichen Verpflichtungen anderen Menschen gegenüber, die mich an einen Ort gebunden hätten. So konnte ich ganz voll Freude nur für Gottes Weisungen leben. Von dieser Schau war ich tief beeindruckt. Es war solch ein Brennen in mir, daß es mir weh tat, noch nicht zu sehen, wann und wie diese Vision Wirklichkeit werden könnte.

Der Engel mit dem Pilgerstab forderte von mir, alle Sicherheiten meines bisherigen Lebens aufzugeben. Vielleicht kannst Du verstehen, daß seine Forderung in mir auch eine große Furcht auslöste. Warum? Ich spürte, daß da wirklich jemand massiv in mein Leben eingriff.

Ich schaute in die Vergangenheit: Ein fester Arbeitsplatz wäre jetzt für mich gleichzusetzen mit einem Gefängnis. Ich schaute in die Zukunft: Wovon sollte ich leben? Wer konnte mir schon garantieren, daß ich die Vision richtig verstand und nicht geradewegs ins Verderben lief? Ich wußte es nicht und konnte auch niemanden fragen.

So schwankte ich zwischen halbherzigem Vertrauen und dem Gefühl der Todesnähe. Immer wieder sehnte ich mich nach einem Ort der Ruhe, an dem ich Zeit hätte, Vertrauen zu fassen. Eine Schule, in der ich unabhängig, befreit von äußeren Verpflichtungen, lieben und lernen könnte. Kennst Du das sonderbare Bedürfnis, befreit sein zu wollen von der Sorge um den Körper? Am liebsten hätte ich ihn Gott zurückgegeben, um im Unsichtbaren erst einmal die wichtigsten Dinge zu lernen, die zur Bewältigung dieses Menschenlebens nötig schienen. Ja, eine Pause einlegen, um Kraft zu tanken, neue Kraft, neues Vertrauen!

Seit dieser Vision habe ich keinen festen Arbeitsvertrag mehr unterschrieben. Ich habe auch gemerkt, daß mir zur Zeit die Kraft für eine menschliche Liebesbeziehung fehlt. Deshalb habe ich mich wieder von meinem Freund getrennt. In seiner Gegenwart sah ich den Engel nicht mehr.

Hast Du den Brief schon weggelegt? Hörst Du mir noch zu? Ja? Ich möchte einen Satz erwähnen, der mir seit meiner Vision immer wieder in den Sinn kommt und dessen Bedeutung ich so gerne begreifen möchte: *Sorget euch nicht um euer Leben und darum, daß ihr etwas zu essen habt,*

*noch um euren Leib und darum, daß ihr etwas anzuziehen habt.*
Ich muß zugeben, daß ich in dieser Hinsicht noch sehr
kleingläubig bin, doch ich würde mich sehr gerne bessern
und belehren lassen."

# MICHAEL

## FESTHALTEN UND KÄMPFEN
## BIS ZUR VOLLENDUNG

„Ein Traum, der aufgestiegen
und dahingeschwunden war.
Aber welchen Wert hätte das Leben
ohne seine Träume?"

FRIDTJOF NANSEN

## In der Werkstatt des Schöpfers

Wie oft hast Du den Pilgerstab ergriffen und Dich auf einen neuen Weg begeben? Aus alten Zwängen wolltest Du Dich befreien und aus überlebten Beziehungen. Sie hatten Deine Seele verdunkelt und die Lebenslinie überschattet. Mutig wagtest Du einen neuen Anfang. Doch nach wenigen Kilometern nagte der Zweifel an Deinem Herzen. Dein hoher Mut war verflogen. Willst Du aufgeben und umkehren, nur weil Stürme brausen und Gewitter toben?

Der Engel lächelte Dir zu. Er trat in Dein Leben und begleitete Dich auf Deinem Weg. Eine heile Welt hat er Dir nicht versprochen und auch nicht behauptet, der Weg werde leicht sein. Er sagte nur, er werde Dich nach Hause führen. Dann brach die Nacht des Glaubens herein. Du dachtest, er habe Dich verlassen. Du hättest ihn unterwegs verloren. Jetzt mußt Du kämpfen, Deine Angst und Deinen Zweifel überwinden, den Engel festhalten und mit ihm ringen, bis er Dich segnet.

Träume und Visionen werden Dir geschenkt. Sie fallen Dir zu. Halte sie fest. Vergiß sie nicht. Denn sie sind die Sterne über Deinem Leben. Zu ihnen schaue auf. Bleibe nicht stehen, wenn der Weg steinig wird, und verlier das Traumbild nicht aus den Augen. Besser noch: Laß Dich führen, ergib Dich in seinen Willen. Sprich: „Dein Wille geschehe!" Sage nicht: „Das kann ich nicht!" Du kannst es. Ich selber habe es auf einer langen Reise nach Franz-Josef-Land gelernt.

„Nirgends auf der Erde kann ein Exil so vollständig sein wie hier unter dem furchtbaren Triumvirat: Finsternis, Kälte und Einsamkeit. Selbst Engel müßte das Verlangen des Wechsels befallen", hatte sein Entdecker geschrieben. „Wie sehr muß die Sehnsucht Menschen ergreifen, welche Allem entrissen sind, was ihre Wünsche reizt und durch die Phantasie verschönert wird."

Wir saßen bereits zwischen Kisten und Koffern, der Pilot hatte die blaue Uniform gegen einen Jogginganzug getauscht, die Propellerturbinen dröhnten, da wurden die Startvorbereitungen abgebrochen. Bewegung im Flugzeug und draußen auf der Landebahn. Ich schaute durch das Fenster auf die abgefahrenen Reifenprofile.

„Wer ist unter euch, der seines Lebens Länge eine Spanne zusetzen könnte, wie sehr er sich auch darum sorgt?" sagte der Freund.

Ein Teil der Funkausrüstung müsse repariert werden, wurde uns mitgeteilt. Im Falle eines Absturzes über den sibirischen Sümpfen würde es möglicherweise Auskunft über die Unfallursache geben.

„Kein Problem", kommentierte der Kapitän. „Eigentlich ist dieses Gerät überflüssig, denn niemand würde nach uns suchen."

Seine Worte forderten meinen Widerspruch heraus.

„Bist Du verheiratet?"

Er nickte.

„Hast Du Kinder?"

Wieder nickte er und nannte die Namen: Jewgeni, Bella und Nikolai.

„Unsere Familien haben doch ein Recht darauf zu wissen, warum wir abgestürzt sind!" sagte ich.

Der Kapitän lächelte mir freundlich zu. Die Goldzähne glänzten matt. Dann startete er die Antonov-26 zum Flug von St. Petersburg nach Sibirien.

„Wie lange wird die Reise dauern?" fragte ich meinen Freund.

„Du hast Angst", antwortete der Stalker.

„Ja, ein bißchen", spielte ich meine wahre innere Verfassung herunter.

„Warum, hast Du kein Vertrauen?" fragte der Stalker.

„In die Technik?"

„Nein, Du weißt, wie ich's meine."

„Wie lange dauert der Flug?" lenkte ich ab.

„Acht bis achtzehn Stunden. Wir fliegen der Sonne entgegen. Es gibt Menschen, die glauben, wir gewönnen dabei sechs Stunden Zeit. Du aber, lege Deine Uhr ab", sagte der Stalker. „Denn was bedeutet Zeit, wenn Du Dich der Ewigkeit näherst? Sie ist ohne Maß wie die sommerliche Lichtflut und die dunklen Wälder."

Wenn es eine Möglichkeit gegeben hätte, ich wäre umgekehrt. Mein beunruhigter Geist sorgte sich um die fehlenden Sicherheitsgurte und Schwimmwesten, die ungeheuren menschenleeren Räume, die wir durchfliegen würden, den Druckausgleich und den Treibstoffvorrat. Wie unsinnig diese Sorge war, wußte er selbst, aber er konnte sich nicht von ihr befreien. Warum sorgte sich die Sorge? Nichts konnte sie verhindern. Die Zukunft lag nicht in ihrer Hand.

„Die Stadt der Erzengel!" sagte der Freund und wies durch das Fenster. „Ist es nicht ein gutes Zeichen, daß die erste Zwischenlandung in Archangelsk stattfindet?"

Raphael, Gabriel und Michael. Hier vor den Toren Sibiriens bewacht Michael das Reich des Permafrostes. Der strenge Erzengel trägt Schwert und Lanze. Sein Name ist ein Kampfruf: „Wer ist gleich Gott!" Uns stellte er einen Passierschein aus für sein eisiges Reich, wo der Boden selbst im Hochsommer nur bis zu zwanzig Zentimetern Tiefe auftaut. Aus Schutz vor der Bodenkälte steht das Flughafengebäude von Amderma auf Pfeilern. Die Stufen sind vom Frost zersprengt worden, das Rollfeld zeigt tiefe Risse wie die Polsterung der Stühle in der Wartehalle. Aus unerfindlichen Gründen verweigert der Flughafen

Dickson die Landeerlaubnis. So verzögert sich der Weiterflug um Stunden. Gelegenheit zu einem Gang zwischen schrottreifen Maschinen und Öllachen. Am Flughafengebäude die Parole: „Lenin lebte, Lenin lebt, Lenin wird immer leben." Das Portrait des Revolutionärs ist vom Frost zerfressen worden. Am Rand der Flugpiste aber leuchten violettfarben die Amethyste, die in den nördlichen Ausläufern des Urals abgebaut hier als Schotter dienen.

Um zwei Uhr nachts steht die Sonne strahlend am Himmel über Dickson. „Die Zone!" sagt der Freund. Wir steigen durch eine Trümmerwüste. Aufgeplatzte Leitungsrohre, verlassene Häuser, verrostete Kettenfahrzeuge, tonnenweise Schrott, dazwischen Hinweisschilder auf radioaktive Strahlung. Draußen auf dem Grund der Kara-See liegen ausgediente Atom-U-Boote. Neue, noch verpackte Gerätschaften beginnen am Wegesrand zu verwittern. Eine Lieferung von Heizkörpern liegt vor den Häusern als Fußabtreter. Bald wird der Winter wiederkehren und die geschundene Landschaft mit einem Panzer aus Eis und Schnee überdecken.

„Was betrübst Du Dich, meine Seele, und bist so unruhig in mir?" Ein MI-8-Hubschrauber landet. Er soll uns auf die arktische Inselwelt fliegen. Zwei Monate später wird in der Zeitungen zu lesen sein:

*„Bei dem Absturz eines Hubschraubers im nordrussischen Eismeer sind wahrscheinlich neun, möglicherweise elf Menschen ums Leben gekommen. Wie die Nachrichtenagentur Interfax am Montag unter Berufung auf das Ministerium für Katastrophenschutz meldete, wurde der MI-8-Passagierhubschrauber 500 Meter von der Landebahn entfernt und fünfzehn Meter vom Ufer der Halbinsel Taimyr in der Kara-See gefunden. Die Ursache des Unfalls, der sich offenbar am Sonntag ereignet hatte, sei noch unklar. Der Eisbrecher ‚Sojus' sei auf dem Weg*

*zum Unglücksort, um die Maschine – die sich unter Eis be-*
*finde – zu bergen. Von den Passagieren gebe es bislang keine*
*Spur. Es werde befürchtet, daß alle Insassen bei dem Absturz*
*ums Leben gekommen sind."*

Eisiger, naßkalter Wind fährt durch das nebelverhangene
Militärlager am Kap Tscheljuskin. In gefütterten Gummi-
stiefeln warten wir im Schlamm. Ein Schild mit dem Hinweis auf Rauchverbot. Bei Zuwiderhandlung erfolgt für
zwei Monate Entzug der Zuckerration. Aus der Nebel-
wand taucht ein Polarhund auf. In der Schnauze hält er
einen Knochen. Sofort verbeißen sich sieben Hunde ineinander. Mit groben Fußtritten versucht sie der Tankwart
auseinanderzutreiben. Fünf Eisbären seien im Gelände
gesichtet worden, sagt er. Eisbären kennen keine natür-
lichen Feinde. Sie gelten als unberechenbar und extrem
schnell.

„When you have seen them, you are dead!" sagt Mar-
tin Harris.

„Wenn Du einen Eisbären siehst, fängst das Leben erst
richtig an!" widerspricht der Stalker.

Zehn Stunden Flug mit dem Hubschrauber von
Dickson über Kap Tscheljuskin ins arktische Archipel.
Aus zweihundert Metern Flughöhe gleitet der Blick über
endlos scheinende Tundraweiten. Der oberflächlich auf-
getaute Permafrostboden ist weich wie dichte Moos-
polster. Kilometerweit haben Kettenfahrzeuge Spuren in
den Tundraboden gefressen. Das Leben ist empfindlich,
und die kurzen Sommer schenken ihm nur wenig Blüte-
zeit. Fünf Jahre dauert es, bis sich ein knospendes
Blümchen entfaltet hat.

In Michaels Reich kann keine Kreatur allein überleben.
Alles Lebendige braucht Schutz. Die rostfarbene Flechte
den Stein, das winzige Vergißmeinnicht die Grasnabe, der

Eisbär die Schneehöhle, der Mensch den Hund und das Gespräch. Auch wir hocken dichtgedrängt zwischen den großen Benzintanks im Innenraum des Helikopters. Der Lärm der Rotorblätter ist ohrenbetäubend. Die technische Ausrüstung überaltert. Doch ruhig gleitet der Blick des Funkers Sergej über die Tundra.

Sewernaja Semlja! Sanftwellige, eisfreie Hochebenen sind mit grünen Schiefertafeln bedeckt, als hätten Riesen hier gespielt. Doch nicht einmal die Recken der Urzeit könnten hier überleben. Der Atem der Ewigkeit webt noch am Gewand der Schöpfung. Kein Grashalm, keine Moose zwischen den gewaltigen Brocken einer Geröllhalde. Nur schwarze Flechten mit grauen Rändern bilden die ersten Spuren des Lebens. Der Frost hat die Steine aufgesprengt und steinerne Blütenornamente gezeichnet. Im Unbelebten leuchten die Grundmuster des Lebendigen vor. Übergänge verwischen. Tod und Leben fließen ineinander über. Orangerot strahlende Flechten ernähren sich von Mineralien. Der Stein drängt ins Leben.

> „Lobet den Herrn auf Erden,
> ihr schwimmenden Eisberge und alle Tiefen des
>   Meeres,
> ihr Algen und Krebse,
> ihr Sande und Steine,
> ihr Treibhölzer aus den Flüssen Sibiriens,
> Nordlicht und Dunkelheit,
> Eis, Hagel, Schnee und Nebel,
> Sturmwinde, Berge, Flechten und Moose,
> lobet den Herrn auf Erden!"

Engel mögen so singen können. Mich aber ergriffen Faszination und Schrecken zugleich. Hätte ich nicht die Augen schließen müssen vor dem Geheimnis? Hier war die Werkstatt des Schöpfers. Das fruchtbare Tohuwabohu.

Jener Anfang, da Gott Himmel und Erde schuf, die Urzeit, da Wasser und Land gerade getrennt worden waren und das Leben zu keimen begann. Die Mitte der Schöpfung lag nicht in der Vergangenheit irgendeines erdgeschichtlichen Zeitalters. Sie war jederzeit und ist ewige Gegenwart. Das Vergangene war nicht vergangen, sondern gegenwärtig. Hier wurden Licht und Dunkelheit getrennt, Wasser und Land, Sonne, Mond und Sterne, Algen und Amöben.

Da war bei mir der Engel des Eises. „Was suchst Du hier?" fragte er. „Die neue Schöpfung ist nicht für Dich bereitet. Und was hier wächst, ist nicht für Dich bestimmt. Du wirst das vollendete Werk nicht sehen und Deine Urenkel und Urururenkel nicht. Und nicht die, die in zehntausend Jahren geboren werden."

„So wird es uns in Zukunft nicht mehr geben?" rief ich erregt.

„Ist die Schöpfung nicht Milliarden Jahre ohne den Menschen ausgekommen?"

„Keimen, Werden und Wachsen hatte doch von Beginn der Schöpfung an ein Ziel und war auf uns ausgerichtet. Alles ist doch für uns Menschen gemacht worden. Wir sind das letzte Werk des Schöpfers."

„Du irrst und solltest es besser wissen. Der Mensch ist nicht Höhepunkt der Schöpfung", sagte der Engel des Eises.

„Ja, wer denn sonst?"

„Die Schöpfung vollendet sich in Stille und Staunen."

„So kommt es auf den Menschen nicht an?"

„Wer sagt das? Da, schau und bezeuge!"

Ich sah und staunte: Himmel und Erde, Licht und Wasser flossen ineinander über. Farben und Formen wechselten in Minutenschnelle. Türkisblau und grauschwarz brach der Gletscher auf. Jahrtausendelang hatten seine Eismas-

sen das Land weichgeknetet. Jetzt gaben sie den frucht-
baren Lehm der Schöpfung frei, einen Erdenkloß, war-
tend auf den Anhauch Gottes. Selbst die Berge eilten
ihrem Schöpfer entgegen. In braunroten, ockergelben und
lindgrünen Linien strömten sie den Canyon hinab. Die
Rücken gezeichnet von den Spuren des Walkens und
Knetens. Kein Polarfuchs und kein Lemming, kein Vogel
in der Luft und kein Wurm im Boden. Stille und Schweigen. Nur rostfarbenes Wasser fließt murmelnd über
rosige Gipsplatten in der Schluchten Tiefe. Eine Schöpfung in Bewegung, eine Welt im Werden, nicht zum Verweilen einladend. Wer hier stehenbliebe, versänke im
Urschlamm.

„Und doch war vor Urzeiten die Arktis eisfrei", sagte
der Engel. „Die Elohim träumte noch vom Menschen, da
wuchsen hier Erle und Birke, Mammut und Moschus-
ochse zogen durch die Inselwelt. Auf der Bennett-Insel
kannst Du ihre eingefrorenen Kadaver sehen. Über den
Polkappen öffnet sich der Himmel für eine neue Schöpfung. Hier in unserer Wetterküche wird ein weltweiter
Umschwung des Klimas vorbereitet."

Die Karten, auf denen das Ozonloch eingezeichnet war,
hatte ich studiert. Auch waren wir auf Nowaja Semlja
gewesen. Russische Wissenschaftler hatten durch jahrzehntelange Atomversuche weite Teile der Insel ver-
strahlt.

Ich sagte: „Engel, dagegen müssen wir etwas tun! Wir
haben Kinder. Ihnen gehört die Zukunft."

„Nein, die Zukunft gehört nicht den Menschen", erwiderte er schroff. „Was sorgst Du Dich um die Schöpfung?
Glaubst Du, Eure Katastrophen könnten sie zerstören?
Nichts sind sie vor dem wehenden Anhauch der Ewigkeit."

„Aber wir leben nicht ewig. Wir sind Geschöpfe der
Zeit und tragen Verantwortung", protestierte ich.

„Aber nicht für die Schöpfung! Glaubst Du, es käme auf euch Menschen an? Hast Du noch immer nichts begriffen? "

„Aber wir müssen etwas tun!" rief ich.

„So, müßt ihr das?" fragte er spöttisch zurück.

„Ja!"

„Ihr überschätzt eure Macht."

Wieder sagte er: „Da, schau und bezeuge!"

Ich sah und staunte: Bären- und Walroßknochen lagen verstreut; zwischen den letzten Balken eines verfallenen Hauses brüteten Elfenbeinmöwen. Sergej, der Funker, trug die Schwingen der Elfenbeinmöwe als Tätowierung auf dem Handrücken zwischen Daumen und Zeigefinger. Wenn der Helikopter ins Wasser stürze, hatte er gesagt, kämen Möwen und trügen unsere Seelen in den Himmel. Und ich sah zwei Holzhäuser inmitten des Eismeeres auf einem Gletscher. Ziegelsteine waren vor einem der Häuser gestapelt, ein moosiger Eisbärenschädel lag zwischen alten Zeitungen und leeren Flaschen. Lebensmittelreste in der Vorratskammer. Wäsche an der Leine und ein Feuerlöscher an der Wand. Mit weißem Pinselstrich waren die Umrisse eines nackten weiblichen Körpers an die Eingangstür gemalt. Doch schon begann eine dicke Eisschicht den Fußboden der Häuser zu überziehen. Über dem Hauptgebäude waren noch die Funkdrähte gespannt. Doch kein Mensch sendete aus diesem Eiland Botschaften, und auch die große Antenne empfing keine Signale mehr. Auf ihren Drähten spielte der Polarwind das Lied von Nacht und Eis. Der Kältetod des Universums. Ewiges Schweigen. Das Ende dieser Welt, aber nicht der Schöpfung.

„Die Welt, die kommen wird!" sagte der Engel des Eises. „Erst werden die Polkappen schmelzen, und ihre Wasser werden die Kontinente überfluten. Dann wird langsam und unmerklich die Wärme der Sonne abnehmen. Tausende, Hunderttausende, Millionen von Jahren entschwinden, Eiszeiten kommen und gehen, und die Wärme wird immer mehr abnehmen. Treibende Eismassen dringen in südliche Breiten. Niemand bemerkt es, bis endlich alle Ozeane der Erde ein einziges Eismeer sind. Das Leben ist von der Erdoberfläche verschwunden und nur noch in den Tiefen des Ozeans zu finden.

Aber das Eis wächst, wird dicker und immer dicker, die Herrschaft des Lebens verschwindet. Millionen von Jahren ziehen vorüber, bis das Eis den Meeresgrund erreicht. Die letzte Spur von Leben ist verschwunden, die Erde ist mit Schnee bedeckt. Dann ist wieder Eden auf Erden.

Alles, wofür ihr gelebt habt, besteht nicht mehr, ist begraben unter einem eisigen Leichentuch. Eine erstarrte leblose Eismasse zieht ihre Bahn durch die Ewigkeit. Aber das Nordlicht wird noch über den wüsten Eisflächen flackern und die Sterne werden still und friedlich funkeln wie einst. Einige sind erloschen, während neue aufleuchten, und um sie herum dreht sich eine neue Erde mit einer neuen Lebenswelt."

„Ja", sagte ich, „aber die Zukunft, die Du siehst, liegt noch in der Zeit. Sie ist noch nicht die Ewigkeit!"

Da standen plötzlich drei Gestalten aus Licht und Wolken am Horizont. Die Erscheinung reichte vom Packeis des Meeres bis an den Himmel. Stumm verbeugte ich mich vor ihnen.

> „Kannst Du die Stimmen der Stille hören
> und die Melodie des Schweigens vernehmen?
> Läßt Du die Möwen über das Eismeer segeln
> und die Walrosse grunzen am Meeressaum?
> Wer könnte die Worte des Windes übersetzen
> und den Gesang der treibenden Eisberge?

Wer entziffert die Frostmuster der Steine?
Kannst Du Felsen und versteinerte Seelen
    aufbrechen?
Was sorgst Du Dich also?"

Und es geschah etwas, das sich nicht in Worte fassen läßt. Kein Ringkampf fand statt. Meine Seele sagte: „Dein Wille geschehe!" Und tauchte ein in Stille und Schweigen. Mit dem Willen verließ mich die sinnlose Sorge um mein Leben, und da zog der Engel des Friedens ins Haus meiner Seele ein. Er lehrte mich Einverständnis. Mochte der Schlamm uns verschlingen, das Eis unter uns brechen oder der Hubschrauber abstürzen: Darauf kam es nicht mehr an.

## Auf der Himmelsleiter

*D*ie letzte Nacht verbrachten wir auf Franz-Josef-Land. Das Brot war hart, die Butter ranzig, das Fleisch fade: gut, daß wir noch zu essen hatten. Sogar ein runzeliger Apfel fand sich in der Proviantkiste. In der Nacht träumte mir. Ausgesetzt auf den Eisbergen der Arktis. Raum und Zeit verschwammen. Alles war gleichzeitig. Jaakob erschien, wir durchstreiften ein verlassenes Eiland, ich hielt das Kind fest an der rechten Hand. Eine Einsiedelei. Die vereiste Tür des Holzhauses wurde gewaltsam geöffnet. Da kniete in einem leeren Raum der Novizenmeister des Klosters Einsiedeln. Ernst schaute er mich an und sagte: „Prüfe, ob Du wirklich Gott suchst!" Dann erhob er sich, führte uns über einen langen Gang zu einer Bibliothek. Wohl zehntausend Bände und mehr mochten hier stehen. Wir durchschritten sie und gelangten nach draußen.

Ohne Kommentar wies der Meister auf das eisbedeckte Meer.

„Ich habe sie schon gesehen!" sagte ich zu ihm.

Aus schmalem kantigen Schädel blickte er mich an. Er lächelte.

„Wirklich?"

„Papa, da auf dem Eis steht eine Leiter!" rief Jaakob.

Sie reichte vom Packeis bis zum Himmel und trug auf jeder Sprosse einen Engel mit weitausladenden Flügeln. Jaakob sah und staunte.

„Ist hier das Haus Gottes?"

Der Meister senkte lächelnd den Blick.

„Wieso stehen die Engel auf der Leiter?" fragte Jaakob.

„Das ist die Seelenleiter", antwortete der Meister. „Sie führt von der Erde in den Himmel und aus der Zeit in die Ewigkeit. Die Holme sind unsere Lebenslinie, und jede Sprosse bildet eine Stufe auf dem Weg zur Vollendung."

Das war es aber nicht, was Jaakob wissen wollte.

„Engel können doch fliegen!" sagte er. „Warum brauchen sie ein Klettergerüst, um in den Himmel zu steigen?"

„Schau genau hin!" sagte der Meister. „Was siehst Du auf der untersten Sprosse der Himmelsleiter?"

„Einen Engel mit blankem *Schwert*", antwortete Jaakob.

„Das ist Michael!" ergänzte ich. „Der Wächter vor dem Paradies, der Kämpfer gegen den Drachen, der Totenrichter."

„Dieser Engel trägt das Schwert der *Tapferkeit*. Jeder braucht dieses Schwert, wenn er aufbricht, um wirklich Gott zu suchen. Tapfer mußt Du sein, weil Du einen ungewöhlichen Weg gehst. Vielleicht bist Du der einzige in Deiner Klasse, der abends betet. Kampfbereit mußt Du sein, wenn selbst Freunde Dich nicht verstehen und über Dich lachen werden, weil Du am Sonntagmorgen mit Deinen Eltern zur Kirche gehst. Gerecht mußt Du sein, denn

Du suchst die Wahrheit. Jetzt sieh' auf die zweite Sprosse!"

Jaakob betrachtete den Engel genau. „Da steht ein Engel mit einem komischen Gerät in der Hand: zwei Schalen, die hängen an einer Stange."

„Das ist eine alte *Waage*", sagte der Meister. „Wozu braucht man eine Waage?"

„Meine Mutter stellt sich jeden Morgen auf die Waage. Dann schimpft sie manchmal. Aber Mamas Waage sieht anders aus. So eine Waage, wie sie der Engel hält, habe ich auf dem Hildesheimer Markt gesehen."

„Was will Dir der zweite Engel sagen?" fragte der Meister.

„Mit der Waage hat die Bauersfrau den Preis ausgerechnet."

„Richtig. Das ist die Waage der *Gerechtigkeit*. Wer den Weg der Vollendung gehen will, muß Gerechtigkeit suchen und Unrecht meiden." Zu mir gewandt, sagte der Meister: „Bindung und Gehorsam führen zur Gerechtigkeit."

Der dritte Engel hielt einen *Spiegel* in der Rechten.

„Sage mir, Jaakob, wozu werden Spiegel gebraucht?"

„Wenn mein Vater mit dem Mini fährt, schaut er manchmal in den Rückspiegel. Hannah kämmt sich die Haare vor dem Badezimmerspiegel, Johannes cremt sich die Haut ein. Das Mikroskop hat einen Spiegel und die Teleskope. In der Schule kann man mit einem Spiegel die Sonnenstrahlen umlenken und Frau Illemann ärgern."

„Nun überlege", sagte der Meister, „warum der Engel einen Spiegel in der rechten Hand hält!"

„Vielleicht will er uns blenden?" vermutete Jaakob.

„Ja, so kann man es sagen. Der dritte Engel der Vollendung will uns mit dem Licht der Wahrheit blenden. Wer in seinen Spiegel schaut, erblickt die nackte Wahrheit."

„Nackt?"

„Menschen können tapfer sein und gerecht und wissen doch nichts über die verborgene Tiefe ihres Wesen. Ihre Seele haben sie verhüllt. Im Spiegel des Engels aber erkennt jeder Mensch, wie er wirklich ist. Deshalb heißt dieser Spiegel auch Spiegel der Selbsterkenntnis. In ihn mußt Du hineinschauen, wenn Du wahrhafte *Klugheit* erlangen möchtest. Ohne die Klugheit blieben Tapferkeit und Gerechtigkeit blind. Die Fehler des Bruders oder der Schwester erkennen wir schnell und rufen laut nach Gerechtigkeit. Die Klugheit aber ist durchsichtig wie das Glas des Spiegels. Durch sie lernst Du die eigenen dunklen Seiten der Seele kennen."

Viele Menschen brechen auf, den Weg der Vollendung zu gehen, fuhr der Meister fort, dem die dritte Sprosse offensichtlich besonders wichtig war. Doch scheiterten die meisten Pilger bereits auf der dritten Stufe der Himmelsleiter. Mit dem einen Auge blickten sie hinab auf den bereits zurückgelegten Weg, mit dem anderen Auge schauten sie zu den weiteren Stufen hinauf. Jetzt zeige sich, ob die Tapferkeit sie weiterhin trage, wenn sie erkennen, daß Hochmut, Neid, Völlerei, Geiz, Trägheit, Zorn und Wollust auch in ihrer Seele sind. Dabei werde es vielen schwindelig. Sie brechen den Aufstieg ab und kehren auf den sicheren Boden zurück. Wer aber weitersteige, müsse seine Schattenseiten nicht mehr vor sich und den anderen Menschen verheimlichen. Deshalb reite der vierte Engel einen *Löwen*. Er habe die Triebe gebändigt und *Besonnenheit* erlangt. Wie der Löwe als König über die Tiere, solle die Königin Seele in Besonnenheit über den Geist und den Körper herrschen. Tapferkeit, Gerechtigkeit und Klugheit kennzeichnen sie, vor allen Dingen aber Besonnenheit. Ihre Schwestern heißen Bescheidenheit und Geduld.

„Sieh, das Herz des Engels brennt!" rief Jaakob, dem die Erläuterungen wohl zu ausführlich wurden.

Der Engel der fünften Sprosse trug ein *brennendes Herz.*

„Was meinst Du, warum brennt das Herz?" fragte der Meister.

„Der Engel ist verliebt." Jaakob blickte verschmitzt.

„Richtig," sagte der Meister, „auf der fünften Stufe der Vollendung ist die Königin Seele ganz von Liebe durchglüht. Das brennende Herz ist der *Glaube.*"

„Aber die Leiter reicht doch höher hinaus", sagte ich. „Was kann es Höheres geben als den Glauben?"

Der Meister sagte: „Si revera Deum quaerit! Prüfe, ob Du wirklich Gott suchst! Nicht jedes brennende Herz brennt für Gott. Nicht jede Flamme des Herzens ist vom Heiligen Geist entfacht worden. Nicht jede Liebe ist frei von Eigenliebe. Das abenteuerliche Herz hat sein Ziel noch nicht erreicht. Je höher es steigt, desto tiefer kann es fallen. Unruhig bleibt es, bis es in der Liebe Gottes ruht. Der Engel der sechsten Stufe trägt einen *Pilgerstab.* Er ist das Symbol der *Hoffnung.* Das brennende Herz des Glaubens ist schnell mit sich zufrieden. Deshalb reicht ihm der Engel den Pilgerstab: Er mahnt zum Aufbruch. Der Weg ist noch nicht zu Ende, wenn die Seele erwacht ist und zum Glauben gefunden hat. Die Hoffnung zieht sie weiter empor zur Liebe. Das ist die höchste Stufe. Sie reicht bis an den Himmel."

„Da steht ja eine Frau, eine Engelin!" sagte Jaakob.

Der Engel der siebten Stufe hielt ein *Kind* an der Hand. Auf seiner rechten Schulter saßen schnäbelnde Zebrafinken.

„Das ist der Engel der tätigen *Liebe* und der Fruchtbarkeit", sagte der Meister. „Auf der höchsten Stufe der Vollendung wird die Königin Seele frei von der Sorge um sich selbst. Jetzt führt sie ein Engelleben."

„Und verschwindet über die letzte Stufe in den Himmel", ergänzte Jaakob.

„Aber nein!"

„Wieso nicht?"

„Was machst Du", fragte der Meister, „wenn Du eine Leiter an einen Apfelbaum gestellt hast?"

„Ich nehme einen Weidenkorb, klettere hinauf und ernte die Äpfel."

„Und dann?"

„Steige ich mit den Äpfeln hinab und esse sie."

„Alle?"

„Nein, die meisten verschenke ich an meine Freunde."

„Sieh, die Engel machen es genauso und kommen auf die Erde, um den Menschen, Tieren und Pflanzen zu dienen. Wenn die Seele den Weg der Vollendung gegangen ist, bringt sie die Früchte zurück auf die Erde und teilt sie mit den anderen."

# Fünftes Engelritual:
## Ein Engelleben führen

*E*ngel führen ein sorgenfreies Leben. Deshalb singen, tanzen, musizieren und dienen sie gerne. Willst Du ein Engelleben führen, so gehe den Weg der Vollendung. Steige dem Himmel entgegen, und kehre auf den Boden der Tatsachen zurück.

Wo aber stehst Du auf der Himmelsleiter? Nimm Dir wieder Zeit und Ruhe. Lege vor Dich ein großes Blatt Papier, und zeichne eine Leiter mit sieben Sprossen darauf. Beschrifte die Sprossen von unten nach oben in der Reihenfolge: *Tapferkeit, Gerechtigkeit, Klugheit, Besonnenheit, Glaube, Hoffnung, Liebe.*

Zu jeder Stufe gehört ein Symbol. Notiere sie rechts neben die jeweilige Stufe in der gleichen Reihenfolge: *Schwert, Waage, Spiegel, Löwe, brennendes Herz, Pilgerstab, Kind.*

Du kannst die Symbole auch zeichnen; es muß aber kein Kunstwerk werden.

Überlege:

Was ist für Dich in Deiner jetzigen Lebensphase besonders wichtig?

Auf welcher Stufe stehst Du? Markiere sie!

Welche Stufe möchtest Du erreichen? Markiere auch diese!

Was kannst Du tun, um diese Stufe zu erreichen? Welche Entscheidungen mußt Du treffen? Schreibe Deine Gedanken rechts neben die Himmelsleiter!

Jetzt überlege weiter: Was oder wer hindert Dich, Deinen Weg der Vollendung zu gehen? Sind es bestimmte Eigenschaften, Ängste, Vorurteile? Sind es Menschen, Freunde, Dein Partner, Dein Vorgesetzter? Dunkle Mächte, die Deinen Weg behindern wollen. Notiere sie auf der linken Seite der Himmelsleiter. Werde Dir der guten und der dunklen Mächte in Dir und um Dich herum bewußt.

Entscheide Dich, ergreife den Pilgerstab! Vor allen Dingen, laß Dir helfen. Auf jeder Stufe der Vollendung steht ein Engel und wartet auf Dich. Reich ihm die Hand! Lies die Worte von John Henry Newman:

„Führ, liebes Licht, im Ring der Dunkelheit,
Führ Du mich an:
Die Nacht ist tief, noch ist die Heimat weit,
Führ Du mich an!
Behüte Du den Fuß: Der fernen Bilder Zug
Begehr ich nicht zu sehn – ein Schritt ist mir genug.

Ich war nicht immer so, hab nicht gewußt
Zu bitten: Du führ an!
Den Weg zu schaun, zu wählen war mir Lust –
Doch nun: Führ Du mich an!
Den grellen Tag hab ich geliebt, und manches Jahr
Regierte Stolz mein Herz trotz Furcht: Vergiß, was war.

So lang gesegnet hat mich Deine Macht, gewiß
Führst Du mich weiter an
Durch Moor und Sumpf, durch Fels und Sturzbach, bis
Die Nacht verrann
Und morgendlich der Engel Lächeln glänzt am Tor,
Die ich seit je geliebt, und unterwegs verlor."

## Der mit dem Engel kämpft

Weißt Du noch, wer Jaakob war? „Der mit dem Engel kämpft" hatten sie ihn genannt und „Gottesstreiter". Jaakob hatte die Himmelsleiter als erster gesehen. Nicht in der russischen Arktis, wohl aber in einem wüsten Land. Erinnerst Du Dich, daß er auf der Flucht vor seinem Bruder Esau war, den er um den väterlichen Segen betrogen hatte? Schon im Mutterleib ging der Streit. Jaakob hatte Esau an der Ferse gehalten und versucht, seine Geburt zu verzögern, damit er selbst der Erstgeborene werde. Damals konnte Esau sich nicht wehren. Jetzt schnaubte er vor Wut, und Jaakob mußte in eine ungewisse Zukunft aufbrechen. Der Engel der Tapferkeit begleitete ihn. Jaakob ahnte nicht, daß seine Flucht ein Weg der Vollendung werden würde. Hast Du solches nicht auch erlebt?

Zwischen Beerscheba und Haran entdeckte Jaakob einen magischen Ort. Hier wollte er rasten. Als Kopfkissen hatte er einen Stein gewählt, darüber ein Schaffell gelegt, nicht wissend, daß es ein heiliger Stein war mit der Aura des Himmels. Des Nachts strömte seine Energie in Jaakobs Seele, und ihr träumte ein Traum. Eine Himmelsleiter, und siehe, die Engel stiegen daran auf und nieder.

Erinnerst Du Dich noch an die Zeit Deines Aufbruchs und die Träume der frühen Jahre? Das Elternhaus läßt Du hinter Dir, ein Dorf, eine Stadt. Offen steht die Welt. Du blickst nicht zurück, und die Tränen in den Augen der anderen schmerzen Dich nicht. Du bist erwacht, Du siehst das Licht der Lebenslinie und ergreifst den Pilgerstab.

Was soll Dir schon passieren? Du hast Dir etwas vor-
genommen. Wenn es nicht gelingt, wirst Du sagen: „Was
soll's?" Du beginnst eine neue Lehre, ein zweites Studium. Alles wird Dir geschenkt, und Du nimmst es an,
ohne Dir Gedanken zu machen.

Der junge Mann Jaakob merkte wohl, daß seine
Lebenslinie einen magischen Ort berührt hatte, wo
Träume mit Himmelsblick möglich sind und ein Durchbruch zur anderen Seite der Wirklichkeit geschenkt wird.
Er war erschüttert vom Anflug des Heiligen, doch nur für
kurze Zeit. Ein Haus Gottes, gewiß, aber im Leben gibt es
noch mehr zu entdecken. So ergriff Jaakob wieder den
Wanderstab. Sieben Jahre diente er um Rahel, die er liebte
vom ersten Augenblick und die tausendmal schöner war
als ihre Schwester Lea. Als die Hochzeit gefeiert und die
Braut nach orientalischer Sitte verschleiert ihrem Bräutigam zugeführt wurde, glaubte er, die Stunde der Erfül-
lung sei gekommen. Im dunklen Brautgemach nahm sie
ihn.

Sieben Mal habe Jaakob in dieser Nacht seine Braut er-
kannt, erzählten später die Knechte. Und doch verkannte
er sie. Denn im Licht der Morgendämmerung sah er Lea
auf seinem Lager. Das hatte der alte Laban ausgeheckt,
ein Lehrstück in Sachen Gerechtigkeit und Klugheit.
Ohne es zu wissen, hatte Jaakob die zweite und dritte
Stufe der Himmelsleiter erreicht. Noch aber tobte er.
Laban fühlte sich nicht im Unrecht. Nach allem, was ihm
die Knechte gemeldet hätten, könnte Lea so unattraktiv
nicht sein. Selbstverständlich erhalte er auch Rahel zur
Frau. Das war ein Lehrstück in Besonnenheit, das ihm der
Alte aufbürdete. Noch einmal diente Jaakob sieben Jahre.
Wie oft hast Du gedacht, Du seist am Ziel und mußtest
schmerzlich erfahren, daß der Weg noch weit war? Als
Jaakob beschließt, zu seinem Bruder in die Heimat
zurückzukehren, ist er ein reifer Mann. Zwei Haupt-

frauen, zwei Nebenfrauen, zwölf Söhne, Töchter nicht gezählt, Knechte, Mägde, Vieh in kaum zu übersehender Zahl.

Jetzt stehst Du in der Mitte des Lebens. Du bist verantwortlich, nicht nur für Dich selbst, sondern für andere. Du bist Bindungen eingegangen. Das Haus ist gebaut, der Baum gepflanzt, die Familie gegründet, die Kinder gehen zur Schule. Dann steht plötzlich alles auf dem Spiel. Eine Entscheidung muß getroffen werden. Du weißt, da kann Dir niemand helfen. Dein Partner nicht, Deine Eltern nicht. Da mußt Du alleine durch. Du schaust nach oben, dort wo die Engel des Glaubens, der Hoffnung und der Liebe stehen.

Jaakobs Herz ist entflammt. Er hat wieder den Pilgerstab ergriffen und zieht dem Bruder entgegen. Wenn er scheitert, steht nicht nur sein Leben auf dem Spiel. Der Jabbok-Fluß kreuzt seine Lebenslinie. Frauen und Kinder, Vieh und Gesinde werden über den Fluß geführt.

Und Du bleibst allein zurück. Nacht der Entscheidung. Wie oft hast Du sie erlebt und erlitten. Schlaflose Nächte, in denen Du allein gerungen hast. Neben Dir schlief einer, und Du hast ihn nicht geweckt. Der Telephonhörer lag in Greifweite, und Du hast den Freund nicht angerufen. Denn Du wußtest, den nächtlichen Kampf mußt Du allein bestehen. Niemand kann Dir die Entscheidung abnehmen. Dann erschien der Engel. Und Du spürtest sogleich, diesmal wird es ernst. Keine träumerische Haupterhebung, kein leichter Blick durchs Fenster der anderen Welt. Jetzt geht es ums Ganze. Ein schreckliches Ringen beginnt.

Du bist stark. Er aber nicht weniger, und die Nacht ist lang. Da endlich lichtet sich der Horizont, der Morgen dämmert, eine schlaflose Nacht ist beinahe überstanden. Der Engel bittet, Du mögest ihn loslassen, denn die Mor-

genröte sei angebrochen. Das ist der größte und gefähr-
lichste Moment in dieser Nacht. Du bist müde und hast
bis hierher das Ringen überstanden. Jetzt ist die Ver-
lockung aufzugeben groß. Jaakob, der *jugendliche* Träu-
mer, würde ihr nachgeben: Ist morgen nicht auch noch ein
Tag? Muß der Kampf jetzt ein Ende finden? Du aber
weißt: Jetzt muß die Entscheidung fallen, für Dich und für
die, denen Du verantwortlich bist. Wo sollen Glaube und
Hoffnung bleiben, wenn Du jetzt aufgibst? Du schaust
über den Fluß, wo Deine Familie auf Dich wartet, und
über ihr siehst Du die letzte Sprosse der Himmelsleiter.
Und weil dort der Engel der Liebe das Kind fest an der
Hand hält, rufst Du: *„Ich lasse Dich nicht, Du segnest mich
denn!"* Koste es, was es wolle, denkst Du. Und da geschieht es. Er löst den Griff. Du schöpfst Atem. Er hebt die
Hand und segnet Dich.

Ahntest Du, als Du den Segen erflehtest, daß er ohne
Schmerzen nicht zu haben war? Schwangerschaftsnarben
bleiben auf Deiner Seele zurück, und die Hüfte hast Du
Dir beim Ringen verrenkt. Wer aber eine Nacht wie diese
überstanden hat, der zieht erhobenen Hauptes weiter.
Was kann ihm noch geschehen?

## Skellig Michael

Was werden wir mitbringen von unserer Lebensreise?
Das Gewand der Engel kennt keine Taschen. Geschichten
also und Bilder, Musik und Tanz. Die Liebe vor allen Dingen. Sie führt uns zurück ins Leben. Während meiner ark-
tischen Fahrt war die Familie in den Südwesten Irlands
gezogen. In Ballinskelligs hatten Eleonora und die Kinder
ein strohgedecktes, weißgekalktes Bauernhaus gemietet.

Gerlinde begleitete sie. An den Wochenenden kam Wolfgang aus Rom geflogen.

Johannes brachte ich schwarzen Sand von der Jackson-Insel mit. Hier hatte Fridtjof Nansen überwintert. Hannah bekam eine Eisbärenkralle, Jaakob Patronenhülsen vom Kap Tscheljuskin und einen Eisbärenknochen. Aus dem Knochen fertigte er sich ein Schwert. „Jetzt bin ich der Engel mit dem Schwert!" sagte er stolz und streckte den Arm in Richtung Meer aus. Dort lag unsichtbar in der Ferne ein Eiland, dem die Iren den Namen „Skellig Michael" gegeben haben. Für Jaakob war Michael Inbegriff alles Männlichen. Von Michael, einem irischen Fischer, lernte er ein Gebet.

„Heiliger Erzengel Michael, steh uns bei im letzten Streite. Gegen die Bosheit und Nachstellungen des Teufels sei Du unser Schutz. Gott gebiete ihm, so bitten wir flehentlich. Du aber, Führer der himmlischen Heerscharen, stürze den Satan und alle anderen bösen Geister, die in der Welt umherschweifen, um die Seelen zu verderben, in den Abgrund. Amen."

„Das himmlische Heer!" Jaakobs Augen leuchteten. „Eine himmlische Kampftruppe."

„Himmlische Heere jauchzen Dir Ehre!" sang Hannah. „Damit sind die himmlischen Musikanten gemeint."

„Singende Engelkampftruppen!" Das gefiel Jaakob.

Der Fischer fuhr uns mit dem Boot zum Skellig Michael. Früher hätten hier Mönche gewohnt, sagte er. Dann kamen Wikinger über das Meer gerudert, hätten sie beraubt und mit Streitäxten, Lanzen, Schwertern und Keulen erstochen oder erschlagen. Das seien wahre Teufel gewesen. Auch Michaels himmlische Heere kämpften gegen den Teufel, allerdings sei dieser im Gegensatz zu den Nordmännern unsichtbar.

„Trägt er einen Tarnhelm?"

„So kann man es sagen. Er versteckt sich hinter der Eifersucht, dem Neid, dem Übermut, dem Geiz und allen anderen Kräften, die uns daran hindern wollen, die Sprossen der Himmelsleiter zu erklimmen."

Nach einer Stunde Fahrt ging das Boot in einer kleinen Bucht vor Anker. Das Felseneiland erhob sich mit beinahe senkrechten Wänden über zweihundert Meter hoch aus dem Meer. Steile Stufen waren in den nackten Felsen gehauen. Sie waren nicht gesichert, und ich nahm Jaakob fest an die Hand.

„Halte ihn gut fest", lachte Michael, „denn viele Seelen, die über die Himmelsleiter hinaufsteigen wollten, hat der Schwarze gepackt und ins Meer geworfen."

Oben auf dem Felsengipfel angelangt, entdeckten wir eine Siedlung. Sie bestand aus sechs kleinen, steinernen Rundbauten in der Form von Bienenkörben. Die Legende erzählt, auch diese Körbe seien einst vom Himmel auf die Erde gebracht worden. Noch heute sollen sie wunderbare Sachen enthalten. Vor Zeiten waren sie von Mönchen bewohnt worden. Hannah bückte sich und schlüpfte in einen Bienenkorb.

„Hier ist es ja total dunkel!" rief sie von innen.

„Warum haben die Mönche nicht ein großes Haus für alle gebaut?" fragte Jaakob.

„Weil jeder Mensch gegen den Schwarzen allein kämpfen muß", sagte Michael.

„Und niemand kann ihm helfen?"

„Ein Mensch kann nicht helfen, nur Michael." Der Fischer lehnte sich auf seinen Wanderstab.

Hannah war nachdenklich geworden. Sie schaute aus dem Bienenkorb heraus und sagte: „Ich hab' eine Idee. Die himmlischen Heerscharen werfen ihre Waffen ins Wasser, und ihre Gegner tun dies auch."

„Glaubst Du, der Schwarze würde freiwillig auf seine Waffen verzichten?" Michael schüttelte sein graues Haar.

„Warum betet Michael nicht mit ihm?" fragte Hannah.

„Weil der Schwarze nicht beten will! Er kann nicht sagen: ‚Dein Wille geschehe' oder ‚Führ mich, liebes Licht!'" Dann sagte der Fischer noch etwas auf gälisch, das ich nicht verstand: „Sea ba mhíorúilt é sin."

„Aber Michael kann doch *für* den Schwarzen beten!"

„Nein!" erwiderte Michael entschieden.

„Doch!" sagte Gerlinde.

„Kommt, kämpfen wir!" sagte Jaakob und zückte sein Schwert.

„Kommt, beten wir!"

Gerlinde nahm Jaakob und Hannah an die Hand. Sie mußten sich ducken, um in den dunklen Bienenkorb zu kriechen. Eleonora schaute skeptisch.

„Lieber Gott, Du hast alle Wesen erschaffen, und alle könnten doch wieder so wundervoll werden, wie Du sie geschaffen hast. Bitte, laß uns zu Dir für den gefallenen Engel beten, damit er wird, wie Du ihn erschaffen hast."

Schweigen folgte. Dann hörten wir leise Jaakobs Stimme aus dem Bienenkorb. „Was sagt Gott?"

„Gott ist friedvoll."

„Dann bete weiter!"

„Gott, vielleicht mag der Satan gemeinsam mit uns beten, vielleicht hat ihn die ganze Zeit über niemand eingeladen zum Gebet?"

„Ja, vielleicht haben ihn die anderen Engel immer nur geärgert, so daß er böse wurde", ergänzte Hannah.

„Gerlinde, was siehst Du?" fragte Jaakob.

„Gott ist friedvoll."

„Dann bete weiter!"

„Lieber Gott, bevor wir den Schwarzen einladen zum Gebet, möchtest Du uns genügend Heilige Engel als Beistand senden. Weißt Du, falls der Schwarze uns fressen möchte. Ich weiß, Du würdest uns sofort wieder aus ihm herausrufen, doch hätten die Kinder einen Schreck."

„Ich habe keine Angst", sagte Jaakob. „Jona hat sich ja auch nicht gefürchtet im Bauch des Wals. Sag' lieber, was siehst Du jetzt?"

„Gott ist friedvoll."

„Dann bete weiter!"

„Geschöpf wie wir, unser Bruder, Satan, bitte komm' und bete mit uns zu unserem Vater, bete mit uns: ,Vater unser, Dein Wille geschehe, Dein Reich komme.' Bitte!"

„Kommt er?" fragte Hannah.

„Ich spüre nicht, daß der Satan mitbetet. Er ist nicht da. Ich suche ihn und finde ihn nirgends. – Lieber Gott, bitte, darf ich den Satan in mein Herz einladen, weißt Du, vielleicht kann er nur von innen mitbeten. Ja?"

„Sag schnell, was macht Gott?"

„Gott ist friedvoll."

„Bete weiter!"

„Bitte, Satan, komm in mich. Wenn Du nicht mehr schön bist, Du brauchst Dich in mir nicht zu schämen, weißt Du. Unser Vater im Himmel macht Dich wieder schön, wenn Du betest. Komm, mein Bruder!"

„Siehst Du noch immer nichts?" fragten beide Kinder wie aus einem Mund.

„Ich höre in mir eine Stimme, so fern, so fern, die sagt: ,Lieber Gott, bitte verzeih mir.'"

„Bruder Satan spricht!" rief Hannah aus dem Bienenkorb zu uns. Und zu Gerlinde sagte sie: „Betet gemeinsam."

„Jetzt sehe ich auch etwas", sagte Gerlinde. „Ich sehe mich in mir: Ich sitze da, in lichter Wiese, und habe in meinen Armen ein verpupptes Wesen, wie Raupen sich verpuppen. Groß wie ein Mensch. Gewicht wie nichts. Ganz schwarz. Lieber Gott, schenke mir, lieber Gott, Deine Liebe, damit ich lieben kann, was da verpuppt ist, auf daß dieses Wesen Dich liebe! Ich will es lieben. Ich will."

„Warum betest Du nicht weiter?" und „Gib nicht auf!" sagten die Kinder.

„Aus dem Verpuppten strömt schwarzes Blut in mich. Ich sehe es. Und ruhig strömt von mir weißes Blut in das Verpuppte."

„Lieber Gott, Dir gehören wir, Dir!" riefen die Kinder. „Sag', was macht Gott?"

„Gott ist friedvoll."

Dann schwiegen alle für eine Weile.

„Es geht zu Ende. Ich bin hell, und das Verpuppte ist hell."

„Wohin ist das Dunkle?"

„Es geht zu Ende. Bitte, lieber Gott, laß mich aushalten, was ich sehen werde, wenn das Verpuppte sich enthüllt, bitte. Der gefallene Engel möge Dich lieben, alle und alles möge Dich lieben, Dich, einzig Dich, mein Gott!"

„Ja, alle sollen Dich lieben", sagte Jaakob, „alle Kinder vom Lahweg, die Kurden und die Solschener, Herr Halves und Pastor Schliephake, Frauke und Julia."

„Die Schweine von Bauer Hülsing sollen Dich lieben und Möhles Esel", ergänzte Hannah, „Mari, Babsi und Lilli, unsere Kaninchen und Vögel, die Pferde und Kühe, die Fliegen und Spinnen in meinem Zimmer und die Mäuse in der Diele. Sag', Gerlinde, was macht Gott?"

„Er lächelt mir zu. Noch liegend in der Puppe, noch in meinen Armen, schaut mich der Schöne an, der Arzt. Er ist es! Er steht auf, lächelt mir zu, und setzt sich auf grüne Wolken im grünen Himmel."

Jetzt schaute ich hinein in den Bienenkorb und fragte Gerlinde, was das Bild zu bedeuten habe.

Sie deute es so, antwortete sie: Gott habe durch Christus den Satan geheilt, daß es das Böse nicht mehr gebe. Es gebe einzig Christus. Er habe ihr Gebet vollendet.

„Blödsinn!" rief der Fischer. „Ein Haifisch bleibt ein Mördertier!"

„Seht Ihr ihn auch, den Herrn Jesus?" fragte Gerlinde die Kinder.

„Ja, aber nur, wenn ich die Augen zumache", sagte Hannah.

„Und Du?" fragte sie Jaakob.

„Ich sehe ihn nicht. Aber ich habe ja mein Schwert", antwortete er. „Gibt es jetzt keinen Teufel mehr?"

„In der Ewigkeit gibt es ihn nicht mehr. Diese neue Welt wollen wir vor Augen haben und staunen, wie sie uns entgegenkommt. Da steht der Engel der Liebe und lächelt uns zu. Ihn wollen wir immerzu in uns sehen. Ja?"

## Sechstes Engelritual:
## Der Engel der Zukunft

*A*ls Kind warst Du gespannt, was die Zukunft Dir bringen werde. Du hast die Tage bis zu Deinem Geburtstag gezählt und die Stunden, bis der Besuch kam. Du lebtest in Freude und Erwartung. Wo sind Deine Träume und Visionen geblieben?

Jenseits der Himmelsleiter steht der Engel der Zukunft. Willst Du ihm begegnen?

Setz Dich an einen ruhigen Ort. Versuch, Dich ganz auf die inneren Bilder zu konzentrieren.

Denk an Deine Zukunft! Was siehst Du? Ein Kind vielleicht, ein eigenes Haus, eine Reise? Arbeitslosigkeit, Krankheit, Tod...?

Laß alles Persönliche hinter Dir! Denke an die Zukunft der Erde! Was siehst Du? Das nächste Jahrtausend, Städte von monströser Größe, zerschundene Landschaften, hungernde Menschen? Eine friedliche Gemeinschaft der Völker, die geheilte Natur, eine Welt ohne Atomenergie und Kriege und über allem schwebend der Klang eines Liedes von Karsten Wolff, das heißt „We are one"...?

Laß alles Irdische hinter Dir! Denk an die Zukunft des Universums! Was siehst Du? Verglühende Sonnen, explo-

dierende Sternenhaufen, schwarze Löcher und den Kältetod des Alls…?

Laß alles hinter Dir! Höre, was Gerlinde für Dich aufge-
schrieben hat:

*Engel der Erde*

„Du, Engel der Erde, sag, geht sie unter,
die Erde, die Schöne, die liebe, geht sie unter?"
„Wohin unter", sagt der Engel,
„sollte sie gehen? Horch, was sie singt!"
„Ich bin schon zu Grunde", singt die Erde,
„und im Grund meines Grundes sagt der ICH BIN DA:
Erde, BEI MIR BIST DU ist Dein Name,
Schau, meine Blumen blühen!"

*Engel der Zukunft*

„Engel der Zukunft, was für ein Bild sehe ich da:
Wasser und Land sind ganz anders verteilt auf der Welt,
wird das so kommen?"
„Fürchte Dich nicht!"
„Wenn viele erschrecken, ertrinken, verzweifeln,
wenn Furchtbares kommt?"
„Fürchte Dich nicht."
„Und wenn die anderen, Menschen und Tiere und Blumen
um mich herum sich fürchten?"
„Dem Herrn gehört die Erde,
der Herr ist barmherzig, bete Du,
der Wille des Herrn ist Barmherzigkeit."
Ja beten will ich:
„Gott, Herr, Dein Wille geschehe!"

## Angelas letzter Brief

Wir waren von Irland heimgekehrt. Dankbarkeit erfüllte uns, Ruhe des Herzens und stille Freude. Nach altem Brauch hatte Eleonora die Engel des Hauses begrüßt: „Frieden sei mit Euch, Ihr Engel des Friedens!" Unter der Post fand sich ein letzter Brief von Angela. Wir hatten uns nach jenem langen nächtlichen Telefonat, statt es beim rationalen ‚Sie' zu belassen, auf das seelenverwandetere ‚Du' verständigt.

„Erinnerst Du Dich noch an unser erstes Nachtgespräch? Hörst Du mir ein letztes Mal zu? Ich habe wieder den Engel mit dem Pilgerstab gesehen. Manchmal ist der Weg einfach dunkel. Diese Erfahrungen haben andere Menschen vor mir gemacht. Aber kennst Du auch den Schmerz, wenn Dir etwas genommen wird, von dem Du glaubtest, es sei Dein Eigentum: den Glauben, die Hoffnung und die Liebe zu den Menschen? Es ist für mich bitter, diese Kräfte nicht in der vertrauten Weise in mir zu fühlen. Liebe, Hoffnung, Glaube, Besonnenheit, Klugheit, Gerechtigkeit, Tapferkeit – sie sind nicht mein Besitz. Manchmal tragen sie mich wie die Sprossen einer Leiter, manchmal sind sie wie von Nebel verhüllt. Dann kann meine Seele nicht aufsteigen, und ich habe das Gefühl, an der Erde festgekettet zu sein.

Das ist die Erfahrung der Tiefe. Kennst Du sie? Ja? Dann steige mit mir hinab in die tiefsten Tiefen der Seele, dort, wo jedes menschliche Wort, jeder Gedanke, jedes Ziel tiefe Spuren der Traurigkeit hinterlassen. Steige hinab mit mir in den tiefen Grund der Wahrheit.

Du weißt, ich hatte ein Angebot, wieder in meinen

alten Beruf zurückzukehren. Ich habe mir die Stelle angesehen. Alle waren freundlich und ermunterten mich zur Zusammenarbeit. Ich bat um Bedenkzeit. Heute habe ich schweren Herzens mitgeteilt, daß ich zur Zeit keine Kraft für diese Arbeit zu haben glaube. Machst Du mir jetzt Vorwürfe? Ich weiß, Du schaffst beides: Du schaust in den Himmel und stehst doch mit beiden Beinen fest auf der Erde. Ich kann das nicht. Du bist wie Martha, ich bin wie Maria. Wenn ich die Vision von einem neuen Leben habe, dann zieht mich das Bild so in seinen Bann, daß ich zu einer weltlichen Tätigkeit nicht fähig bin. Du aber bist fest verwurzelt im tätigen Leben und kannst gleichzeitig über den Alltag hinaus auf das neue Leben schauen.

Ich glaube, ich darf mich nicht mit einem falschen Verantwortungsgefühl quälen. Eine neue Welt kommt. Ich spüre es. Wir leben in einer Zeit des Übergangs. Wir sind der Engel mit dem Pilgerstab. Vieles wird uns zustoßen, das wir nicht verstehen werden. Aber hat nicht alles einen guten Sinn? Aus der Gelassenheit kommt die Kraft. Ja, ich will zulassen, was geschieht. Wenn Du mich liebst, wirst Du meine Sehnsucht berühren, und irgend etwas wird mit mir geschehen."

## Nachwort

Viele Menschen haben mir von ihren Erfahrungen mit den unsichtbaren Freunden erzählt oder geschrieben. Besonders hervorzuheben sind Gerlinde Krauß, Else Strauß und Birgit Stöber. Es ist vor allem ihr Buch. Ich bin ein Bote.

Möge es auch Dir ein Buch der Freude und der Liebe sein, ein Buch der Freundschaft und eine Ermutigung, die ausgestreckte Hand des Engels zu ergreifen. Siehe, da steht ein Engel und lächelt Dir zu!

Die Reise in die russische Arktis nach Swernaja Semlja, Franz-Josef-Land und Nowaja Semlja fand statt vom 16.–28. Juli 1995. Sie wurde organisiert von Ulrich Schacht (Hamburg), Jacobus de Korte (Stichting Plancius) und Vladimir Baranov (St. Petersburg). Ihnen und dem Engel des Eises gilt mein Dank.

*Klein Solschen, 17. Juni 1996*

*Uwe Wolff*

*Von Engeln umgeben –*
*weitere Bücher von Uwe Wolff bei Herder*


*Breit aus die Flügel beide*
Von den Engeln des Lebens
2. Auflage, 240 Seiten,
mit 16 Farbtafeln,
gebunden mit Schutzumschlag
ISBN 3-451-22922-6


*Das große Buch der Engel*
2. Auflage, 280 Seiten,
mit meist farbigen Abbildungen,
gebunden mit Schutzumschlag
ISBN 3-451-23393-2


*Der gefallene Engel*
Von den Dämonen des Lebens
256 Seiten, mit 12 Farbtafeln,
gebunden mit Schutzumschlag
ISBN 3-451-23680-X


*Unter deinen Flügeln geborgen*
Legenden vom Geheimnis der Engel
120 Seiten, gebunden mit Schutzumschlag
ISBN 3-451-23871-3